まえがき

先日（七月二十一日）に参院選が終わった。予想通り、自民・公明の大躍進で、「参議院のねじれ解消」という大義名分が通って、法案は成立しやすくなるだろう。

選挙の報道番組で、池上彰氏の「公明党は自民党にくっついているだけの下駄《げた》の雪だという声もありますが。」という質問に、「いいえ、下駄の鼻緒《はなお》です。」とすかさず切り返した山口代表の言論術もなかなかのものだと感心した。

本書では、公明党を批判する意図は特になく、宗教政党の後輩としての幸福実現党に、選挙指南を願いたいというのが本音である。わが党も、まだ選挙で勝つためのシステムが構築できず、総裁のオピニオンのプッシュ予備軍と、結果的には安倍自民党の大勝の応援団になっている。ここは一つ、公明党の集票力の秘密に迫《せま》りたいものだ。公明党の宣伝になる内容なので、創価学会に出版妨害を依頼する必要は全くないだろう。

二〇一三年　七月二十六日

幸福実現党総裁《こうふくじつげんとうそうさい》　大川隆法《おおかわりゅうほう》

公明党が勝利する理由　目次

公明党が勝利する理由

――山口《やまぐち》代表守護霊《しゅごれい》インタビュー――

二〇一三年七月二十二日　収録
東京都・幸福の科学総合本部にて

3 「選挙の功徳」に迫《せま》る　63

「霊言現象《れいげん》」とは、あの世の霊存在の言葉を語り下ろす現象のことをいう。これは高度な悟《さと》りを開いた者に特有のものであり、「霊媒現象《れいばい》」（トランス状態になって意識を失い、霊が一方的にしゃべる現象）とは異なる。外国人霊の霊言の場合には、霊言現象を行う者の言語中枢《ちゅうすう》から、必要な言葉を選び出し、日本語で語ることも可能である。

また、人間の魂《たましい》は原則として六人のグループからなり、あの世に残っている「魂の兄弟」の一人が守護霊《しゅごれい》を務めている。つまり、守護霊は、実は自分自身の魂の一部である。したがって、「守護霊の霊言」とは、いわば本人の潜在《せんざい》意識にアクセスしたものであり、その内容は、その人が潜在意識で考えていること（本心）と考えてよい。

なお、「霊言」は、あくまでも霊人の意見であり、幸福の科学グループとしての見解と矛盾《むじゅん》する内容を含《ふく》む場合がある点、付記しておきたい。

公明党が勝利する理由

——山口《やまぐち》代表守護霊《しゅごれい》インタビュー——

二〇一三年七月二十二日　収録
東京都・幸福の科学総合本部にて

山口那津男《やまぐちなつお》（一九五二〜）

政治家（参議院議員）、公明党代表。茨城《いばらき》県生まれ。一九七八年、東京大学法学部を卒業、翌年、司法試験に合格し、一九八二年、弁護士登録をした。一九九〇年、衆院選に公明党公認で出馬し初当選。一九九四年、新進党に参加したが（公明党は解党）、一九九八年の新進党の分党後は公明党の再結成に参加した。一九九六年と二〇〇〇年の衆院選では落選したものの、二〇〇一年、参院選に初当選し、二〇〇九年には公明党代表に就任した。

質問者　※質問順

里村英一《さとむらえいいち》（幸福の科学専務理事・広報局担当）

釈量子《しゃくりょうこ》（幸福実現党女性局長）

江夏正敏《えなつまさとし》（幸福実現党幹事長 兼 選対委員長）

［役職は収録時点のもの］

1　公明党の「勝ち筋」を訊《き》く

マスコミの報道姿勢に一定の変化が見られた二〇一三年参院選

大川隆法　昨日《さくじつ》（二〇一三年七月二十一日）、参議院議員選挙が終わりました。みなさん、熱暑のなか、本当にご苦労さまでした。

幸福実現党は、例年どおりの結果に終わったかもしれませんが、いささか、小さな光明《こうみょう》が見えてきたところもあるように思います。

それは、選挙を重ねることにより、「幸福実現党は党として存続していくのだな」ということが、ある程度、分かってきたこともあって、地方のテレビ局や新聞等が、幸福実現党の候補者を、ほかの政党の候補者と同じように扱《あつか》い始めたことです。

また、『ＮＨＫはなぜ幸福実現党の報道をしないのか』（幸福の科学出版刊）という本を出したことが効いたのかもしれませんし、今回の選挙の直前に、他局のキャスターたちの守護霊霊言《しゅごれいれいげん》を収録したので、「次は、うちに来る」と見て、いち早く舵《かじ》を切った可能性もあるのですが、NHKでは、公示日の夕方六時台の首都圏《けん》のニュースあたりで、候補者の釈量子さんの顔が流れました。

今回は、幸福実現党に関する報道姿勢を変えたところが、わりと多かったのではないでしょうか。大手紙でも、産経や読売等は、積極的に紹介《しょうかい》してくれていたほうではないかと思います。また、幸福実現党とは政策的に違《ちが》いがあった新聞も、広告等については、かなり載《の》せてはくれました。

ただ、党首討論など、政党の主要政策や党首を紹介できるようなテレビ番組には出られませんでした。ああいう場には九党もの党首が出ていましたが、「これ以上は要《い》らない」という感じで、対象からカットされてしまったところがあったと思います。

先日の名古屋《なごや》での法話《ほうわ》（二〇一三年七月十四日説法《せっぽう》「平和と繁栄《はんえい》の条件」）では、

質疑応答のなかで、「党首討論に出ているからといって、選挙に通るわけではないと思います。獲得《かくとく》議席がゼロのところもあるでしょう」というようなことを言ったのですが、そのとおりになった党もあります。

したがって、「党首討論などに出ればよい」というものではありません。人気がない場合には、そういう場に出れば出るほど、票の入らない情勢が固まってくることもあるので、やはり、「上げ潮《しお》」の状態で出なければ駄目《だめ》なのです。

いずれにしても、幸福実現党の環境《かんきょう》は、若干《じゃっかん》、改善されてきたように思います。

幸福実現党の今回の得票数を分析《ぶんせき》する

大川隆法　今回の参院選は、一カ月ほど前からマスコミで報道されていた予測と、ほとんど同じ結果が出ています。そのせいで〝冷めた人〟も多く、あるいは、暑いので投票しなかったのかもしれませんが、全体の投票率は下がり、五十二、三パーセントぐらいしかなかったようなので、幸福実現党の得票数においても、物足りない面があり、選挙区では六十一万票ぐらい、比例区では二十万票弱でした。

これを見るかぎりでは、「個人の活動、個人の顔が見えるところに投票しやすい傾向《けいこう》が出ている」と思われるのと同時に、選挙区で幸福実現党に投票したにもかかわらず、比例区では、自民党や民主党、維新《いしん》の会、みんなの党などに入れた人も多いと思われるので、まだ、幸福実現党そのものへの信頼《しんらい》が築けていないのではないでしょうか。

その意味では、比例区において、「もう少し、有名な人を集め、名簿《めいぼ》に並べてもよかった」という気もします。選択肢《せんたくし》が豊富にあるようにして、いろいろな層の人を引き付ける手があったかもしれませんし、女性候補を立てる手もあったと思います。

選択肢が少なかったのは、「党首を通そう」という作戦だったのですが、それが〝見え見え〟でした。「もう少し多くの候補者を立てるべきだったのではないか」という気がしないでもないのです。

全体的な感想としては、そんなところです。（質問者や聴衆《ちょうしゅう》に）昨日《きのう》の選挙特番をテレビで見ていて、半徹夜《はんてつや》か徹夜の人も多いでしょう。今日は早朝からお集まりいただき、たいへん申し訳ないとは思うのですが、私としては、「できるだけ早いうちに分析《ぶんせき》を行い、対策を立てておきたい」と考えた次第《しだい》です。

宗教政党が与党《よとう》に入っても、別におかしくはない

大川隆法　宗教政党としての公明党は、「躍進《やくしん》した」というほどではなく、一議席増えた程度ですが、票数だけを見るとけっこう取っており、候補者一人で何十万票も取ったりしているので、私には、「このへんの秘密を知りたい」という思いが個人的にあります。

また、公明党は、池上彰《いけがみあきら》さんの選挙特番では、「創価学会《そうかがっかい》、創価学会」と、そうとう言われまくっていました。

ある当選者が、「創価学会の支援《しえん》を受けて」とか、「投票行動が、要するに、『功《く》徳《どく》を積む』ということになるんですね」とか、そのようなことをズバッと言われ、「それは支援団体のことだから、存じません」というような返事をしたら、「あなたは創価大学出身ですよね。信者ですよね。じゃあ、一体ですよね」などと言い返されていたので、「厳しいな」と思って私は見ていたのです。

ただ、ある意味で、宗教政党が与党《よとう》のなかに入っていること自体は、幸福の科学にとって、それほど悪いことではないのかもしれません。

公明党が宗教政党であることを知らずに、公明党に票を入れていた人も大勢いるわけですが、「宗教政党は、すでに与党になっている」と知られることで、「宗教政党である幸福実現党が与党に入っても、別におかしくない」という流れがつくれるのではないでしょうか。

「消費税増税」と「憲法改正」は、どうなるのか

大川隆法　今回の選挙のトータルでの分析としては、「安倍《あべ》さんが言っていた、『自民・公明で多数派を形成して、参院でのねじれを解消し、法案がスッと通るようにする』ということが、大義名分として、だいたい認められた」ということになるでしょう。

個別の政策では異論がある人も、自民党に入れたのではないかと思われるので、安倍さんの個人人気も当然あると思います。

自民党は、これだけ大勝したので、八パーセントと十パーセントという、二回の消費税増税を実行可能な戦力は得たわけです。

そのため、財務省が狙《ねら》う消費税上げは、たぶん、できるのではないかと思われるのですが、「これで景気が腰折《こしお》れするか、しないか。彼の成長戦略が、それを乗り越《こ》えられるかどうか」が一つの試《ため》しどころでしょうし、「これから、外交等を、ど

う乗り切っていくか」ということも試してはあると思います。

おそらく増税はするでしょうが、微妙《びみょう》なところで獲得議席数が止《と》まったので、安倍さんが憲法改正に必要な権力まで手にできるかどうか、分かりません。これから多数派形成ができて、そこまで行けるかどうか。そこまで力があるかどうか。これは見物《みもの》ではありましょう。

今回の公約を国民が覚えているうちは、その多数派形成には、なかなか厳しい面もあるかとは思うのですが、安倍さんがどうするか、見てみたいと思っています。

自民党に「ミート戦略」をされてしまった幸福実現党

大川隆法　幸福実現党には、主要政策が基本的に安倍さんの自民党とあまり変わらなかったこともあり、「安倍自民党が勝つのなら、そちらに入れてもよいのではないか」と思う人を、かなりつくった可能性があります。

安倍さんは、この半年間、経済政策で成功していたわけですが、それは、基本的には、幸福実現党が言っていた政策と同じです。しかし、自民党のほうに実績として出ているので、それを幸福実現党のほうが宣伝するわけにもいきません。

これは、結局、企業《きぎょう》で言えば、いわゆる「ミート戦略」をされてしまったことになると思います。

以前、ソニーが新規開発をして拓《ひら》いた市場が、ある程度、大きくなったら、当時の松下《まつした》電器（現パナソニック）など、他の大手メーカーも、その市場に参入してきていました。ソニーは、いわゆる〝モルモット〟だったわけです。

それと同様のことを、政治の舞台《ぶたい》でされたのかもしれません。「幸福実現党が発表している政策で、まだ〝メジャー〟になっていないものを、大きいところが取って、成功していった」というようなことでしょうか。

そういう意味で、幸福実現党には、〝モルモット〟にされた部分もあるかもしれません。

ただ、このへんのフェアネス（公平さ）については、時間の経過のなかで、ある程度の判定が出るでしょうから、あまり追及《ついきゅう》しないことにしたいと私は思っています。やがて、何年かの間《あいだ》に、はっきりしてくるものがあるでしょう。

いずれにしても、幸福実現党は、選挙区では、全体で一・一パーセントから一・二パーセントぐらいは取ったので、「得票率二パーセント」が見えてきつつあります。なかには四パーセント半ばぐらいまで獲得した候補者もいました。三パーセント台や四パーセント台の候補者が何人もいるので、可能性は出てきています。

同じ地域で何度か立候補し、顔を売っていると、支持率がジワジワと上がってきつつはあるので、それを持続していけば、二パーセントを取れる可能性は高いのです。

もっとも、得票率がそこまで行かなかった人については、別途《べっと》、敗因の分析は必要だと思います。「候補者数」や「有力な候補者の有無《うむ》」等が影響《えいきょう》するのでしょうが、得票率の低かったところを底上げすると同時に、高かったところをさらに伸《の》ばす作戦は必要でしょう。

そして、「トータルで得票率を二パーセント以上に上げつつ、当選者を出す」という作戦をとらなくてはいけないのです。

なお、以前の選挙の際、名前が挙がりながらも、幸福実現党からの出馬には至らなかったアントニオ猪木《いのき》さんは、今回、維新の会で見事に当選なさいました。幸福実現党が、もったいないことをしたのかどうか、分かりませんが、（会場を指して）アントニオ猪木さんがここを歩いている姿は、どうしても想像できません。「政策的に理解してもらえないのではないか」と感じられるので、これについては下手な妥協《だきょう》をしなくてもよいのではないかと思います。

パンチ力のようなものだけで政治をされても、あとが続きません。あの人だけが選挙で通り、幸福実現党の党首になったりすると、インテリ政党の幸福実現党がスポーツ平和党になってしまうので、それではまずいでしょう。

当選だけを考えるのではなく、やはり、着実な成功を狙いたいと思います。

共産党は訓詁学《くんこがく》を行う「懐《なつ》メロの世界」の政党

大川隆法　全体的に考えますと、今回の特徴《とくちょう》の一つは共産党が議席数を伸ばしたことです。

ただ、共産党に関して、「党員数」「年間の総収入」「政策内容」等を当会と比べると、どれを見ても、当会のほうが上です。会員数も収入もそうですし、政策の面でも、こちらのほうが斬新《ざんしん》で、かなりピタッとピントが合っています。

どれを比べても、幸福実現党のほうが共産党より上なので、実際には、幸福実現党は共産党より上に行かなくてはならないはずです。

幸福実現党が共産党に負けているのは、数十年以上やっている経験知のところと、「選挙が仕事のメインである」というところの差が大きいからでしょう。

共産党本部に取材したものを見ると、そこの資料室には、小林多喜二《こばやしたきじ》の『蟹工船《かにこうせん》』の初版などが並んでいます。また、マルクス・エンゲルス系の本など、蔵書が十四万冊ほどあります。

共産党では、いまだに、マルクス・レーニン主義等の古典の訓詁学《くんこがく》が行われていますが、これは懐《なつ》メロぐらいの世界であり、通常、こういう政党には票は入らないはずです。ところが、票が入るべきではない政党に票が入っているので、やはり、年数が経験になっている部分があるのでしょう。

今回、共産党には選挙区でも当選者が出たので、アンチ安倍勢力の票が入ったり、少し目立った戦いをした候補者がいたりしたのかもしれません。

いずれにしろ、社民党と共産党は、当会の現有戦力で勝てなければいけない相手だと思っています。

当会の場合、内部においては、宗教本体の活動、政党活動、教育事業、メディア事業、海外事業、ＮＰＯ系の事業等、仕事が多角化しているため、政治のほうへ完全には力を集中できかねているところがあり、そう大した力になっていない面はあると思います。このへんが共産党に勝てていない理由でしょう。

公明党の「選挙での成功」の秘密を探《さぐ》りたい

大川隆法　創価学会と公明党が、選挙を、「要するに信仰行為《しんこうこうい》だ」というように定義していて、「選挙で勝つことが信仰の証《あかし》」と言っているのならば、両者は、ある意味では一本化しているわけです。

創価学会の場合、本当の意味では宗教法人の定義に適《かな》っていないがゆえに、選挙に強いところはあると思います。

公明党は、五十年以上のキャリアを有し、選挙に関するノウハウを持っています。また、当選している公明党候補者を見ると、この世的にも、ある程度、通用しそうな人を、上手に選んでPRし、数多くの票を取れるように仕組んでいます。弁護士などの経歴を持っている人を、上手に使っているところがあるのです。

さらに、噂《うわさ》によれば、「創価学会員は一人当たり百五十票を取る」と言われていますが、これには幸福の科学ははるかに及《およ》びません。当会の猛者《もさ》には、そういう人もいるかもしれませんが、一人当たり百五十票は、今のところ取れる状況《じょうきょう》にはなく、もっとずっと少ない票数しか取れません。

むしろ、当会の信者のなかには、自民党や民主党、維新の会、みんなの党など、幸福実現党以外の政党を応援している人もいますし、現在、国会に議席を持っている人のなかにも、当会の信者はたくさんいる状態なので、ある意味で、力が分割《ぶんかつ》されている面もあり、弱いのかもしれません。

そこで、山口さんの守護霊から、選挙に勝てる秘密を上手に聞き出すと同時に、向こうから幸福実現党を客観的に批評していただき、改善点等も指摘《してき》していただいて、もう少し勝てるようにしたいと思います。

かつて、アサヒビールが、どんどんシェアを減らしていき、十パーセントを切り、九パーセント台になって、潰《つぶ》れかけていたとき、住友《すみとも》銀行の副頭取《とうどり》をしていた人がアサヒビールの社長になりました。

その人は、「私はビールについては素人《しろうと》で、分からないから」と言って、他のビール会社等を回り、「どうして、うちのビールは売れないのでしょうか」と上手に訊《き》いたところ、「素人だ」と思われ、親切に教えてもらえたりしたのです。やがてアサヒがスーパードライを発売すると、これが大ヒットして、キリンが追い詰《つ》められてしまいました。

そういうことが現実にあったのです。

幸福実現党がこれだけ負けていると、親切に教えてくれる可能性もあるのではないかと思うので、「勝ち筋」を勉強してみたいと思います。

その意味で、今日の霊言収録の目的は、公明党をいじめることではありません。できれば、その成功の秘密をお聴《き》きしたいものですし、また、宗教政党として公明党の数十年後に出てきているものに対して、「ここを、このようにしたほうがよい」「このように見えている」というようなアドバイスなどがあれば、それについてもお聴きできればと思います。

公明党代表、山口那津男《やまぐちなつお》氏の守護霊を招霊《しょうれい》する

大川隆法　山口那津男《やまぐちなつお》さんは、東大法学部出身の弁護士なので、外で通用する経歴を持っていますし、本心はどうか知りませんが、外見《がいけん》は非常に温厚《おんこう》で、バランスが取れているように見えるので、そういうイメージで一般《いっぱん》には通っているでしょう。

もう一つ言うと、この人は声がいいのです。街宣をして声が嗄《か》れたときには少し割れますが、そうとういい声で話しますし、話し方も上手なので、聴衆によい印象を与《あた》えています。

「いろいろなものを揃《そろ》えているな」と感じるので、公明党の裏にある、創価学会のネガティブなイメージを、うまく消す力を持っているように思います。

むしろ、幸福実現党の候補者のほうが、みな街宣等で吼《ほ》えているので、創価学会っぽい感じがしないでもありません。

公明党は、今回の参院選で、「安定は、希望です。」という、まことに正反対の言

葉を上手に打ち出して、票を取ったような感じもするので、そのへんに関しては老《ろう》獪《かい》なのかもしれません。

幸福実現党が負けているのはしかたがありませんが、今日は、選挙での「勝ち筋」について、いろいろ訊いてみたいと思います。

長くなりましたので、このへんで前置きを終わります。

それでは始めます。

（合掌《がっしょう》し、瞑目《めいもく》する）

選挙戦が終わりました。

たいへんお疲《つか》れのところ、恐縮《きょうしゅく》でございますが、快進撃《かいしんげき》をなされておりますが公明党の代表、山口那津男さんの守護霊を、幸福の科学総合本部にお呼びしまして、その躍進の理由や、宗教政党として成功するための秘訣《ひけつ》を、お伺《うかが》いしたいと思います。

また、後進の幸福実現党に対する批評や、改善点等に関するアドバイスを頂ければありがたいと思います。

公明党代表、山口那津男さんの守護霊よ、どうか、幸福の科学総合本部に降りたまいて、われらにアドバイスをくださいますよう、心の底よりお願い申し上げます。

（約五秒間の沈黙《ちんもく》）

2　選挙に強い創価学会《そうかがっかい》の秘密

幸福の科学総合本部に呼ばれ、戸惑《とまど》う山口代表守護霊

山口那津男守護霊　こーんな所に呼ばれるとはねえ。いやあ、場所が違《ちが》う。

里村　信濃町《しなのまち》とは違います。

山口那津男守護霊　これは場所が違う。これは、あなた、〝監禁《かんきん》〟じゃないですか。

里村　いえいえ、監禁ではございません。今日は信濃町から五反田《ごたんだ》のほうへ来ていただきまして……。

山口那津男守護霊　大川隆法さんだって、おたくの何とかいう党首だって、信濃町でこれをやられたら、死にますよ。生きて帰れないよ。

里村　いやいや、そんなことはないと思います。

山口那津男守護霊　ええ？

里村　今日は、選挙翌日の朝ということで……。

山口那津男守護霊　そうだよ。

里村　たいへんお疲《つか》れのところを……。

山口那津男守護霊　それはそうよ。

里村　山口那津男・公明党代表の守護霊様にお越《こ》しいただきまして、ありがとうございます。

山口那津男守護霊　呼ばれて、よかったのか、最後に悪口を書かれて終わりなのか、分からないんですが。

〝企業秘密《きぎょう》〟を聴《き》きたければ、学会員になるしかない？

里村　昨日《さくじつ》のテレビ番組では、山口代表ご自身も、いろいろとお話はされていましたけれども……。

山口那津男守護霊　そうねえ。

里村　話したくても、なかなか話せなかった、ご本心の部分も含《ふく》めまして、今日は、ぜひ、今回の勝利の理由や、後輩《こうはい》の宗教政党へのアドバイス等を……。

山口那津男守護霊　ああ、君は、池上《いけがみ》さんを、いじめまくった人だな？（注。里村は『池上彰《あきら》の政界万華鏡《まんげきょう》』〔幸福の科学出版刊〕で池上彰氏の守護霊への質問者を務めた）

里村　とんでもないです（笑）。いじめてはいません。

山口那津男守護霊　それは手強《てごわ》いなあ。

里村　今後の国政のあり方等について、ぜひ、お考えをお聴《き》かせいただきたいと思います。どうぞよろしくお願いいたします。

山口那津男守護霊　まあ、言えることと言えないことがある。〝企業《きぎょう》秘密〟は、やっぱり、あるからね。このへんについては言えないけど。

里村　そう言われると、その〝企業秘密〟のあたりを、ますます聴きたくなります（笑）。

山口那津男守護霊　いやあ、それは学会員になることだよ。そうしたら、教えてやるわ。

里村　そうでございますか。それでは、まあ、学会員になるかも分かりませんので……。

山口那津男守護霊　なるかもしれない？　ああ、そう。

里村　（笑）（会場笑）「山口代表の守護霊様の話によっては、その可能性がある」というだけのことですが、非常によいチャンスだと思いますので、ぜひ、いろいろなことをお話しください。

山口那津男守護霊　ほう。

公明党の候補者でも「人気」が取れないと選挙で落ちる

里村　公明党では、今回の選挙において、選挙区で四人、比例区で十七人、全部で二十一人が立候補しました。そして、選挙区では四人全員が当選し、東京、神奈川《かながわ》、埼玉《さいたま》、大阪《おおさか》、この四選挙区を押《お》さえました。また、比例区では七つの議席を獲得《かくとく》し、全体では、改選十議席に対し、一増《いちぞう》の十一議席を獲得しました。

この結果に関しては、どのような感想をお持ちでしょうか。

山口那津男守護霊　党首の私が東京で落ちなくてよかったと思っています。これは大きい。（党首が落ちると）痛手《いたで》になる。私は、落ちたことがあるからね、昔。

里村　そうですね。

山口那津男守護霊　公明党の候補者でも、落ちることはあるんだよ。公明党は、少数精鋭《せいえい》の候補者を立て、落とさないことを、「打率十割」を自慢《じまん》してるところではあるけど、私には落ちた経験があるので……。

里村　二回ほど落ちておられますよね。

山口那津男守護霊　ええ。だから、公明党でも、候補者が落ちることはあるんです。創価学会《そうかがっかい》でもね。波に乗って人気が取れないと、落ちることはある。

山口代表守護霊から見た、「今回の選挙での公明党の勝因」

山口那津男守護霊　（今回の選挙で公明党は）何とか埋没《まいぼつ》しないで済んだし、まあ、「（衆参の）ねじれを解消する」ということを訴《うった》えた。連立している以上、自民党とうちとが両方とも勝つ必要があるから、「ねじれを解消する」ということで、「連立」の大義を立てたわけだ。

また、「自民党に票を入れたいけど、もしかしたら、自民党が暴走するんじゃないか」と考えて、怖《こわ》がってる人たちがいるので、「これについては、公明党がチェックをかけますから、大丈夫《だいじょうぶ》です」と訴えて、安心感を与《あた》えた。

そういう存在意義を大義名分としてつくったことが、結果的には効いたわけだね。これをうちが言わなければ、たぶん、共産党や社民党のほうに、もっと票は流れたはずだけど、「公明党のほうで、そこをチェックしてくれるのだったら、まあ、いいか」ということで、与党《よとう》支持の側に踏《ふ》みとどまり、票を入れてくれた人がいたのではないかな。

安倍《あべ》さんは、基本的にはアベノミクスの成果を誇《ほこ》り、あとは、「さらなる経済成長」と「参院のねじれ解消」とを大義にした。また、はっきりとは言わないけど、憲法改正を考えてることも、うっすらとにおわせながら、やっていた。

本当は、安倍さんへの批判者はたくさんいるんだけどね。憲法についても、原発についても、TPPについても、批判者だらけだ。野党は全部そうだし、それから、マスコミにも批判者は大勢いるけど、安倍さんは、そのへんをうまいこと隠《かく》し込《こ》み、経済成長と人柄《ひとがら》のところを売り込んで、選挙に勝った。

公明党は、公明党の存在意義というか、公明党が連立して与党に入る理由を、うまく説明できた。「安全弁の部分だ」「留め金の部分だ」というところを、うまく浸《しん》透《とう》させることができたので、やや有利な展開ができたのかな。

丸川珠代《まるかわたまよ》議員は、学会員として通用するぐらい口が悪い？

里村　それでは、ご自身の今回の東京選挙区での結果について、意外と安堵《あんど》された部分がおありなのですね。

山口那津男守護霊　いやあ、それは……。今回のトップはさあ、何？「バカヤロー姫《ひめ》」じゃない。なんか、批判するの、いるじゃない。ねえ。ええと……。忘れるじゃないの。忘れられるような人はトップを取っちゃいけないよなあ。あれは百万票を取ったよな。ああ、〝丸珠《まるたま》〟だ。あれ、口、悪いんだけどな。ほんと、創価学会員でも十分に通用するぐらい、口が悪いんだ。

里村　丸川珠代《たまよ》さんですね？

山口那津男守護霊　〝丸珠〟は、「百万票に行くか、行かないか」という感じで、最初から週刊誌で下馬評《げばひょう》に上がっていたし、「百万票を超《こ》えれば、もしかしたら、大臣が転がり込んでくるかも……」みたいなことも書いてあった。世間《せけん》の読みは、けっこう厳しいけど、「当たる」っていうか、もう一カ月ぐらい前から、ほとんど当ててたわなあ。

だから、山本七平《やまもとしちへい》さんの『「空気」の研究』を読んでも分からないことだけど、日本人は、本当に空気で動いているというか、「その当時、まだ、投票行動を起こしていなくて、誰《だれ》に入れるか、最終的に決めてないにもかかわらず、選挙結果が予想できて、それが当たる」というのは、まこと不思議ですなあ。不思議だけど、結果が予想と変わらない。

これは、「一定の方向に向かって流れが進んでる」ということでしょうか。

学会員の票だけでは選挙に勝てないので「フレンド票」が要《い》る

里村　先ほど、「『自民に対する安全弁』というメッセージを、有権者にうまく伝えることできた」とお話しくださいましたが、私の側から見ると、鉄壁《てっぺき》とも言える、支持母体である創価学会の選挙体制があるので、そういう部分については、あまり心配されていないようにも思えるのですが……。

山口那津男守護霊　いやあ、そんなことはないですよ。うちだって、フレンド票の山ですから。学会員の票だけでは、とても勝てません。フレンド票を、そうとう積み重ねなくては議席を取れない。

いやあ、さっき、ちょっと変なことを言われたからね。「一人で百五十票を取る」と言われたけど、まあ、フレンド票として、全員が百五十票を取れるとは思わない。

ただ、うちには、政党として、もう五十年以上の歴史があるので、「クリーンパーティー、「公明党というものが成立している。ここは、いわゆる中道《ちゅうどう》政党だ」と思って票を入れてくれる人が、けっこう、いることはいるんですよ。

それから、宗教に関係なく、政策だけに共鳴して票を入れてくれる人も、けっこういる。うちは、いちおう政教分離《ぶんり》を表明してますからね。

また、与党に入ってからは、「週刊新潮《しんちょう》」でさえ、うちの悪口を書く回数が減ってきました。その意味で、一般《いっぱん》の人たちが票を入れやすくなったところはあります。野党のときには、すごく攻撃《こうげき》されたときがありましたけどね。

ま、与党のメリットっていうか、うまみは、すごくありますよ。

里村　フレンド票のお話が出ましたが、昨日《さくじつ》の選挙特番のうち、池上彰さんの番組で、学会の婦人部の方が、「F票、フレンド票は年齢《ねんれい》の倍取るんだ。それで百五十票だ」と言っていましたが……。

山口那津男守護霊　ヘッヘッヘッ。

里村　ああいう方針が徹底《てってい》されているのでしょうか。

山口那津男守護霊　いやあ、それは、あなた、まさしく〝企業秘密〟の部分じゃないですか。

里村　ぜひ、そこを……。

山口那津男守護霊　これについては、あなた、献金《けんきん》してもらわないと、話すのは無理だな。それには〝政治献金〟が必要だね。

いちばん困るのは「信仰《しんこう》の対象は何か」を追及《ついきゅう》されること

里村　私の知るかぎりでは、公明党の約五十年の歴史のなかで、「フレンド票を年齢の倍取る」という発言が、そのまま電波で流れたのは初めてなので、そのへんについて、ぜひ……。

山口那津男守護霊　いやあ……。

里村　多くの国民有権者の関心は強いと思います。

山口那津男守護霊　だけど、さっき、ここの総裁も説明してたように、ここは、今、いろんなことに力を分配してるし、宗教活動そのものがまだ完成してないから、そちらにずいぶん力を使ってると思うんだよね。

一方、うちのほうは、活動期間が長くなってるし、本山からは破門されて、大石《たいせき》寺《じ》の信仰《しんこう》を応援《おうえん》する必要もなくなったので、余分なエネルギーが断《た》ち切れたのよ。大石寺に百万人を登山《とざん》させたりするのは、けっこうエネルギーが要《い》ったからね。

里村　あれは無駄《むだ》なエネルギーでしたか。

山口那津男守護霊　そうですよ。実際に登山してみせなくてはいけないし、バスとか電車とかに、いっぱい人を乗せて、登ってるところを見せないといかんしさあ。それに、あんな本山の建物も寄付しないといかんしさあ。それから、上がりというか、お布施《ふせ》の全部じゃないけど、一部は寄付しないといかんかったしさ。

そういうことにエネルギーをだいぶ取られてたのが断ち切れたのでね。

向こう（本山）は、「破門さえすれば、宗教ではなくなるから、解体する」と見てたんだろうけど、うちのほうは、無駄なエネルギーが取れて、何となく……。

だから、本当に、いちばん怖いのは、「信仰の対象は何ですか」と追及《ついきゅう》されることだ。それが、いちばん困るんだけど、よくは分からない。私にだって分からないぐらいだからね。

ぼんやりとした、池田《いけだ》さんへの尊敬の念と、板曼荼羅《いたまんだら》のコピーと、何となく日蓮宗《にちれんしゅう》的な雰囲気《ふんいき》とがあって、そんな雰囲気を信仰してるだけなので……。うちも「空気」を信仰してるのでね。

「財務」と「選挙」しかない、創価学会《そうかがっかい》のシンプルな仕事

釈　ぜひ、公明党の強さに迫《せま》りたいのですが……。

山口那津男守護霊　あなた、今回は怒《おこ》らないよね？（注。『安倍新総理スピリチュアル・インタビュー』〔幸福実現党刊〕の冒頭《ぼうとう》において、釈は、選挙直後の安倍総理の守護霊に対し、厳しい口調で質問をした）

釈　怒りません。大丈夫です。

山口那津男守護霊　あ、そう。怒るなら、安倍さんに怒ってください。

釈　公明党は、たいへんお強いので、私たちは本当に驚《おどろ》いているのですが、公明党の母体である創価学会《そうかがっかい》の宗教原理のなかで、選挙は、どういう位置づけなのでしょうか。

山口那津男守護霊　戸田城聖《とだじょうせい》（創価学会の第二代会長）からあとは、「選挙で勝つ」っていうことと、お金を集める、「財務」っていう仕事がもう一つあるからね。
ま、創価学会の仕事には「財務」と「選挙」しかないんだよ。だから、金を集めて選挙をする。ここまで言ったら、身も蓋《ふた》もないか。

里村　いやいや、分かりやすいお話です。

山口那津男守護霊　だけど、ほかにも教学とかがある。だから、ほかにないわけではないけど、基本的には「財務」と「選挙」が中心であって、あんたがたみたいに複雑なことはやってないよ。

だから、一般の新聞や雑誌、テレビ、そんなものは読む必要も観《み》る必要もなくて、聖教新聞だけを読めばいい。そして、池田大作《だいさく》さんの全集さえ買えばいい。その本はトイレと電車のなかで読めばよく、あとは、「活動しろ」ということで、活動にシフトする。

君らは、インテリ宗教っぽく、いろんなことを勉強するじゃないですか。

里村　それは、「教学部分での学びは大事である」ということです。

山口那津男守護霊　だから、みんな、一生懸命《いっしょうけんめい》、いろんなものを読んで、勉強したりしてるんだろうと思うけど、俺《おれ》には、まるでマスコミをつくろうとしてるように見えるよ。君ら自身がマスコミをつくろうとしているように見える。

里村　山口代表からご覧になると、そう見えますか。

山口那津男守護霊　うんうん。マスコミだよな。君ら自身がマスコミ。いろんな情報を集めて、情勢分析《ぶんせき》をし、さまざまなことに対応しようとして、そういう学習エネルギーを、だいぶ使っていらっしゃるようだ。

うちは、学習エネルギーのほうを絞《しぼ》り込んで、全部、洗脳にかけている。洗脳も、さらに絞り込んで、「財務と投票で信仰が試《ため》される」ということだけなわけだ。

「投票行動は功徳《くどく》になる」が創価学会《そうかがっかい》の教え

里村　釈から出た話につながりますが、昨日《きのう》のテレビ番組で、学会の婦人部の方が、「投票は功徳《くどく》なのだ」と言っていました。

山口那津男守護霊　へへへ。

里村　これについて、池上彰さんが、神奈川選挙区で当選された佐々木《ささき》さやかさんに質問したのですが、佐々木さんは言葉を濁《にご》し、「支持母体の話なので、よく知りません」と言って、深入りを避《さ》けておられました。

「投票は功徳なのだ」という言葉には洗脳も入っていると思うのですが、これは、どのような意味なのでしょうか。そして、これによって実際に洗脳しているのでしょうか。

山口那津男守護霊　まあ、内部的には、そういうところもあるけども……。

佐々木さやかさんか？

里村　はい。

山口那津男守護霊　やっぱり、候補者の選び方がうまいと思うよ。美人候補だし、弁護士資格も持ってる。創価学会《そうかがっかい》に嫌悪《けんお》感を持つ人は、「創価大卒」なんて嫌《いや》かもしれないけども、一般的に見れば、「投票してもいいかな」という感じの人を選んでいる。そのへんの強さで、一般票がそうとう入ってるとは思うよ。

そういうシチュエーションをつくりながら、やっぱり、主力母体には、「投票行動が功徳を積むことになる」と言う。

これについては、君たちも何も言えないよ。「何とか菩薩《ぼさつ》」って、いっぱいあるじゃないの。植福《しょくふく》菩薩とか……。

釈　創価学会では、逆に、「選挙に参加しないと地獄《じごく》に堕《お》ちる」とも……。

山口那津男守護霊　そうそう。それが大事。君らには、それがない。罰則《ばっそく》がないのが、君たちのいちばんいけないところだよ。

里村　罰則がない？　ああ、幸福実現党にですね。

山口那津男守護霊　君らの言う「自由の大国」は結構だけど、罰則をつくらないと、法律は有効ではないんだよ。法律は罰則があって初めて有効になるので、罰則のない法律なんて、幾《いく》らつくったって、そんなもの……。

釈　「堕《だ》地獄だ」とかいう……。

山口那津男守護霊　そうそう。そういうふうに言わないといけないよ。

里村　それは、どういう理屈《りくつ》で功徳や罰則になってくるのですか。日蓮聖人《しょうにん》のお考えに基《もと》づく……。

山口那津男守護霊　いや。だけど、まあ、それについては誰も分からないから。死んだ人は、この世に帰ってきて、「こうなりました」なんて、うちでは言いに来ない。おたくだけですから、言いに来る可能性があるのは。

里村　（笑）「死人に口なし」ですか。

山口那津男守護霊　ええ。「死人に口なし」なので、「罰《ばち》が当たる」と言えば、それだけのことだね。

「過去に、悪いことをたくさんした」という人は大勢いるから、創価学会には、「過《あやま》てる人生を生きた」と思っている人が大勢入ってきているわけで、「それを打ち消すために功徳を積みなさい」ということだ。

「南無妙法蓮華経《なむみょうほうれんげきょう》」もあるけども、そちらのほうは、今、本山から切れて、少し弱くなってきている。

池田先生のご本を、読まなくてもいいけど、飾《かざ》っておくことが大事だ。

公明党設立の趣旨《しゅし》は「創価学会《そうかがっかい》を守ること」

山口那津男守護霊　そもそも、公明党をつくった趣旨《しゅし》は、あんたがたが幸福実現党をつくった趣旨とは基本的に違うのよ。

幸福実現党は、幸福の科学の教義の一部を実現しようとしてるんでしょう？　ユートピア実現とか。

里村　はい。

山口那津男守護霊　公明党は、創価学会《そうかがっかい》を守るためにつくった政党なので、趣旨がもともと違う。

だから、「外堀《そとぼり》」なんですよ、政党は。

政党ができたために、創価学会は潰《つぶ》れずに今まで来ている。政党がなかったら、もう、とっくの昔に、オウム教や法《ほう》の華三法行《はなさんぽうぎょう》みたいになってますよ。いっぱい引っ掛《か》かってますから。

いろいろなことを全部揉《も》み消すために、政党もつくるし、警察官にも送り込むし、自衛官にも送り込むし、裁判所にも送り込むし、弁護士も出すし、公務員にも、学校の教員にも、いっぱい送り込んでいる。いろいろなところに、網《あみ》の目のように人を積極的に送り込んでいき、一種のシンジケートをつくり、政党で権力の中枢部《ちゅうすう》に入っていく。

だから、全部が、池田大作名誉《めいよ》会長を逮捕《たいほ》させないためにつくられてる組織なんですよ。この〝女王蜂一匹《ばちいっぴき》〟を捕《つか》まえられないようにするための組織なんです。

公明党は「自民党の首根っこ」を押《お》さえている?

里村　公明党は、その前身の公明政治連盟など初期のころから、もう約六十年たっているのですが、最初のころには、「王仏冥合《おうぶつみょうごう》」や「国立戒壇《かいだん》の設置」と言っていました。今は違うということでしょうか。

山口那津男守護霊　うん。だから、君らは、今、後《おく》れて、やってるんだよね、そういうことを。「国教化しようよ」なんて、今ごろ思いついて、言ってるんだろうけど……。

里村　いやいや、言ってはおりません。

山口那津男守護霊　うちもやったんだ。やったのよ。

里村　当初は、いちおう、そういう建前《たてまえ》というか、大義があったのでしょうか。

山口那津男守護霊　うん、うん。

里村　しかし、今は、もう、「池田名誉会長を守るため」ということだけですか。

山口那津男守護霊　いや、まあ、もちろん、もともとは天下取りが一つの原動力としてはあったよ。「国盗《くにと》り物語」をやってるつもりでいたのは事実だ。池田さん自身のお考えがそうだったからね。「国盗り物語」で、『三国志《さんごくし》』の劉邦《りゅうほう》じゃないわ、ええと……。

里村　劉備《りゅうび》ですか。

山口那津男守護霊　劉備ね。劉備玄徳《げんとく》は、「天下三分《てんかさんぶん》の計《けい》」から、次に天下取りまで行きたかった。この「三分の計」の蜀《しょく》の国が八王子《はちおうじ》に当たるわけで……。

里村　ほう。

山口那津男守護霊　だから、勉強会を、宗教の本じゃなくて、『三国志』に則《のっと》って、やってたんでね。共産党はマルクス・エンゲルスだろうけども、うちは、『三国志』だとか『水滸伝《すいこでん》』だとかをもとに、宗教の勉強会ではなく、天下取りの勉強会をしていたわけだ。

だけど、そう言って、守りつつ、要するに、「国を取る」っていうことをやっていて、「総体革命」というのをやろうとした。もう、ご存じだろうけど、あれは二〇〇五年だったかな？

里村　そうですね（注。『宗教イノベーションの時代』〔幸福の科学出版刊〕第3章「創価学会の『功罪』を語る」において、池田大作守護霊は、「二〇〇五年ぐらいに総体革命を起こして、日本を引っ繰《く》り返したかった」と述べた）。

山口那津男守護霊　みんなで、「やろう」という目標を立てて、やって、できなかったので、それは終わってしまったんだけどね。

まあ、それ（総体革命）は、「各部門に、みんな進出し、それで勘所《かんどころ》を押《お》さえて、日本を、創価学会が牛耳《ぎゅうじ》れる国にしよう」という考えではあったんだ。

それには、やっぱり、いろいろなマスコミの批判もあったし、野党の批判もあったし、いろんな関係から、二枚舌を使わないとやっていけないようにはなったけどね。そこまでは行けなかったけど、とりあえず、連立して与党に入り、自民党の首根っこを押さえたような気持ちでいるので、何とか満足できているわけだな。

3 「選挙の功徳《くどく》」に迫《せま》る

「教義」を入れ替《か》えても機能するのが創価学会《そうかがっかい》

里村　支持母体の学会員の方々に、一定の満足を与《あた》えつつ、「年齢《ねんれい》の倍の数のフレンド票を取る」という目標へのモチベーションを高めるために、どのような指導をされているのですか。

山口那津男守護霊　学会の優《すぐ》れたところは、「教義を入れ替《か》えても機能する」っていうことですよね。

里村　教義を入れ替えても機能する？

山口那津男守護霊　うん。機能する。ほかの政党に行こうと、ほかの宗教に行こうと、学会員の場合は機能するんですよ。

里村　ほう。

山口那津男守護霊　それから、ノルマがあるような証券会社だろうが、銀行だろうが、あるいは、家電メーカーだろうが、どこへ勤めても機能するんですよ。学会のソフトっていうのは、万能《ばんのう》のソフトなんですよ。

里村　それは、なぜでしょう？　そのソフトとは、どういうものなんですか。

山口那津男守護霊　だからねえ、ある意味で、それは日本的なんですよ。中枢《ちゅうすう》部分のところが真空状態になっていて、外側だけがあるんですよ。

里村　中身がないんですね。

山口那津男守護霊　「鎧《よろい》さえかぶれば戦闘《せんとう》モードに入れる」っていうところが、学会のつくり方だね。

里村　そうしますと、極端《きょくたん》なことを言えば、「南無妙法蓮華経《なむみょうほうれんげきょう》」が「南無阿弥陀仏《なむあみだぶつ》」に替わってもいいのですか。

山口那津男守護霊　うん。アッラーでも構わない。

里村　それでも機能するのですか。

山口那津男守護霊　うん、うん、大丈夫《だいじょうぶ》。

里村　そういう組織をつくったわけですか。

山口那津男守護霊　ええ。明日から、イスラム教に替わっても大丈夫です。やれます。

里村　日蓮聖人《にちれんしょうにん》の位置がアッラーになっても?

山口那津男守護霊　ええ。大丈夫です。大丈夫なんです。

創価学会《そうかがっかい》の強さの秘密は「週刊誌並みの悪口」が言えること

里村　どうして、そういう組織ができたのでしょうか。

山口那津男守護霊　それは、やっぱり、鎧兜《かぶと》を身につけたら、みんな、「戦《いくさ》かな？」という気になるじゃない？　その「鎧兜を着せる」という感じが大事なんだよ。

釈　その〝鎧兜をつけた方〟には、たいへん強い方が多くて、私が東京で運動員の方と回っているときに、おそらく創価学会《そうかがっかい》の方だと思うのですが「あんたたちは弱い！」などと怒鳴《どな》られたことがありました。

山口那津男守護霊　うん。

釈　非常に戦闘力が強いのですが、その〝鎧兜〟の秘密は、どのようなものなのでしょうか。

山口那津男守護霊　まあ、あんたがたにも、ちょっとマスコミ力があるから、うちも、いちおう勉強して警戒《けいかい》もしているけれども、宗教のなかで、マスコミみたいに悪口が言える、特に週刊誌並みの悪口が言える宗教っていうのは、うちしかなかったわけですよね。

里村　はい。

山口那津男守護霊　そういう意味で、口を鍛《きた》えた。これが、現代の武器の一つでね。口を鍛えたし、与党《よとう》になったら、ちょっと行儀《ぎょうぎ》よくなっているけど、野党にいるときは、やっぱり、さまざまな嫌《いや》がらせや圧迫《あっぱく》もしたことはある。

だから、君らが僕《ぼく》の本を出したって、広告が載《の》るかどうかは知らないよ。うちの創価学会員はさあ、新聞社に、「この本の広告が出るんでしょうか」とか、電話をかけるからさあ、これは何の犯罪でもないでしょう? みんなで、「『山口那津男の霊言《れいげん》』っていう本の広告は、本当に出るんでしょうか」という電話が全国で何千件もかかったら、もう広告は出ないわね。

里村　いやあ、でも、『公明党が勝利する理由』というタイトルですから、これは出ますよ。

山口那津男守護霊　そうかなあ。

里村　ええ。

山口那津男守護霊　でも、なかに悪口が書いてあるかもしれない。

里村　学会の方も、「読みたいなあ」と思われるのではないでしょうか。

「調査・研究部門」が充実《じゅうじつ》している学会本部

山口那津男守護霊　でもね、君たちと違《ちが》うところもあるんだ。われわれにはねえ、意外にフェアなところもあって、要するに、一般《いっぱん》の学会員には、「いろんな本を読んで勉強したり、情報を取ったりする必要はない」と、洗脳はしているけれども、学会の本部のなかでは、各宗教の教義本とか、あるいは、マスコミのいろんな情報とか批判とかを、ぜーんぶ緻密《ちみつ》に研究する部門があるんですよ。

これが、君らのほうは、まだ弱いと思う。うちのほうが、もっと進んでると思う。徹底的《てってい》にいろんなものを調べてあるので、そういう戦略部門っていうか、参謀《さんぼう》部門っていうか、研究部門っていうか、調査部門は充実《じゅうじつ》しています。

公称《こうしょう》動員数六十万人で、六百万票から八百万票を取る

江夏　聖教新聞は五百五十万部とも言われていて、公明新聞は、少々うろ覚えなのですが、四十万部から六十万部ぐらい……。

山口那津男守護霊　まあ、四十万ぐらいが普通《ふつう》だね。

江夏　四十万部ぐらいですか。

山口那津男守護霊　うん。

江夏　実際に、フレンド票を取る実働会員は、何人ぐらいなのでしょうか。

山口那津男守護霊　そうですねえ、まあ、創価学会の施設《しせつ》全部に人を入れて衛星放送をかけても、六十万も入ればいいほうですので、まあ、それだけ入っていないかもしれませんから、これで見れば、あなたがたが行事をやって、衛星をかけて、何人入っているかっていうのと比べれば、学会の実数は推定がつくでしょう。

江夏　その五、六十万人ぐらいが、一人あたり、だいたい何票ぐらいのフレンド票を取るのでしょうか。

山口那津男守護霊　それは、おたくと同じで、子供もおれば、老人もいるし、投票できない人もいるから、分かりませんけども、まあ、学会の施設っていうのは、選挙のときだけ満杯《まんぱい》になるんですよ。

だから、そんなに大きくもないけど、だいたい三百人入るところ、五百人入るところ、千人入るところぐらいが大きいところで、それ以上は入らないので、普通の宗教に比べても、そう大して大きくはないんです。だいたい選挙のときの土日しか入らないのは一緒《いっしょ》ですし、「そこに、一般の人を呼び込《こ》んだり、友達を連れてきたりして聞かせる」ってのも一緒ですね。

まあ、同じことをやっています。そのくらいの動員数で、やっぱり、六百万票から八百万票、多いときは九百万票近くまでは取りますね。

「二十万人×三十票＝六百万票」が基礎《きそ》票

江夏　一人あたり、だいたい二十票ぐらいでしょうか。

山口那津男守護霊　うーん。（学会の施設に）来た人が、全部、戦士になって戦えるわけではないから、やっぱり濃度《のうど》に差はあるけども、長くやってる人が多いからね。だから、まあ、このうちで、どうだろうねえ。例えば、二十万人ぐらいが、一人で三十票ぐらい取ってくれれば、基礎《きそ》票として六百万票は固まるねえ。二十万人ぐらいが三十票取ってくれれば固まる。

それも、一回だけじゃなくて毎回やってるから、（投票依頼《いらい》に）行ったら、「はい、分かりました」という感じになってくるケースが多い。最初は口説《くど》き落とすのが大変だけど、毎回、頼《たの》んでると早いんだよ。

そのへんは、あなたがたに、まだ十分に経験がないところだけど、毎回、同じところに頼んでると、だんだん早くなってきて、「また、選挙のシーズンが来ました。よろしくお願いしますね」っていう感じだ。

それで、選挙シーズンが来るまでの間は、一生懸命《いっしょうけんめい》、買い物に行ったり、パーマに行ったり、なんだかんだ、近所の触《ふ》れ合いとか、学校の付き合いとか、いろんなかたちで接触《せっしょく》を持ち続ける。毎月一回は接触しないとね。ずーっと接触して、「また頼みますね」と言えば、けっこう、それでいける。だから、あなたがたが、「体力戦で人を口説かなきゃいけない」っていうほどの力はかからないんですよ。

ただ、離《はな》れていく者もいるから、その部分は新しく補充しなければいけないけども、だいたい二十万人が三十票を固めてくれれば、だいたい六百万票は固まる。残りは、要するに、そのときの気分とか、本部の打ち出す政策とか方針とか、ムードとか、候補者の人気とか、こんなもので積み増ししていくところだね。

自分が成功できなくても代用品で成功感覚を味わえるのが功徳《くどく》

江夏　学会員がフレンド票を取るときに、一対一で、何を言っているのですか。政策でしょうか。よく聞くのは、「都営住宅に入れるよ」とか、そういう利益誘導《ゆうどう》もあるようなんですけれども。

山口那津男守護霊　まあ、ちょっと、それは、もう古いんじゃないかなあ。都営住宅っていうのは、もうちょっと前の時代かなあ。最近は、そういうものでは、そんな簡単にはいかないのでね。

江夏　でも、私たちが現場を回っていると、「学会員さんの集票の仕方はえぐい」という話をかなり聞きます。

山口那津男守護霊　うーん。

江夏　それで、「宗教は嫌《きら》いだ」という人も多くなっていて、私どもには「荒《あ》らされている」と感じられるのです。

山口那津男守護霊　うーん。

江夏　まあ、それだけ強いのかもしれませんが、どのようにして人間関係をつくっているのですか。それとも、政策を言っているのでしょうか。

山口那津男守護霊　いやあ、やっぱり、もともとの支持母体っていうか、今はちょっとレベルが上がってきたんだけども、共産党なんかと似たような層が支持層ではあったのでね。

今は、やや中の上ぐらいまでの層がだいぶ増えてきたので、あれなんだけど、うちの場合は、貧乏《びんぼう》であったり、学歴等でコンプレックスを持ってたり、職業でコンプレックスを持ってたりするような層あたりが、本当は元の基礎層のターゲットなんですよ。

こういう人たちは、自分では成功できないんだけども、何か代用品で成功感覚を味わって、それと自分を同一視して陶酔《とうすい》できる。これが功徳《くどく》なのよ。

里村　ああ。

「戦後の貧乏《びんぼう》なバラック」が公明党のエートス

山口那津男守護霊　例えば、私だって、まあ、大川さんほど頭は冴《さ》えないかもしれないけども、いちおう東大法学部を出て弁護士をやってますが、そういう人が党首（代表）をやってるところに投票して勝ったら、何となく自分もエリートになったような気になるし、新人の佐々木《ささき》（さやか）さんみたいな美人の若い弁護士さんが当選したりすると、なんか自分らもエリートになったような気になるわけよ。

そうやってエリートになったような気にさせる。本当は、それほど生活が改善しているわけでも、自分らの劣等感《れっとうかん》が消えたわけでもないんだけど、「それと同一視してルサンチマン（怨念《おんねん》）を消す」っていうのが、共産党もそうだと思うけれども、作戦ではある。

これは、池田《いけだ》先生のもともと持っている傾向性《けいこう》だよね。この部分を共有し合っているわけね。

里村　「コンプレックスの補充」というような感じですね。

山口那津男守護霊　うん。そうそうそうそう。本当に成功してる人は、やっぱり自民党のほうへ行くからね。だから、あっちへ行かない人で、まあ、成功してる人は、二代目、三代目みたいな、家族で信仰《しんこう》がある人だね。そうやって成功する人も出てくるけども、もともとの層は、共産党なんかと同じような層なので、うちも、「環境《かんきょう》権を憲法に加憲で入れろ」とか言ってるけども、だいたい汚《きたな》い家には、公明党のポスターが貼《は》ってあるでしょう？　ボロ家《や》に貼ってあるでしょう？

里村　ええ。

山口那津男守護霊　だから、だいたい、そうなんです。

里村　こう言ってはなんですけど、そうですね。

山口那津男守護霊　ええ、そうなんですよ。だから、土地開発をさせないようにしてるのは、だいたい、公明党のポスターを貼ってる所でしょう？　そのへんはご存じでしょう？

つまり、そういう、戦後の貧乏《びんぼう》なバラックに住んでいた、あの感じ？　これをエートス（持続的な特質、気風）として持ってるわけよ。

公明党は「創価学会《そうかがっかい》版のディズニーランド」？

里村　それは、きれいな言葉で言うと、「夢を見させて、いい気持ちにさせる。それが功徳だ」ということですね。

山口那津男守護霊　うん、うーん。「宗教はアヘンだ」って共産党は言ってるが、まあ、そうだよ。当たってるよ。ある意味ではね。

里村　確かに、公明党の支持母体である創価学会《そうかがっかい》さんは、昔から、まあ、若い人は名前をご存じないでしょうけれども、沢《さわ》たまきさんとか、宝塚《たからづか》のスターをはじめ、テレビなどで……。

山口那津男守護霊　だから、夢を与えてるのよ。あれは、「創価学会版のディズニーランド」なのよ。「創価学会版のディズニーランド」が公明党なのよ。

全体のドリームもあるが、個人にも「功徳《くどく》」は返ってくる

里村　つまり、信心《しんじん》している人は、必ずしも自分の環境とかが変わっているわけではないのですね。

山口那津男守護霊　いやいや、一部、補助金もあれば……。

里村　ああ、出ていますね。

山口那津男守護霊　まあ、もちろん、道路を引いてくれたり、創価学会員の警官を使って、違反《いはん》を揉《も》み消してくれたり、やっぱり、そういう功徳《くどく》はあるわけよ。

里村　ああ、ありますね。

山口那津男守護霊　まさしく功徳だろう？　免停《めんてい》になるところを、創価学会のルートで警察官を使えば、それをしないで済ませられる。

君らは、そういうことをしないもんな？

江夏　ええ、そうです。

山口那津男守護霊　だから票が入らないんだよ。

江夏　その「夢を見させる」というのは、ある意味で、政治活動というよりも宗教的な感じがしますが、本部から、「こういうトークをやれ」とか、何かそういう指示を出しているのですか。

山口那津男守護霊　まあ、全体のドリームもあるかもしれないけど、やっぱり、個人を、ちょっとアヘンをかじったような、そういう、いい気持ちにさせなきゃ。

だから、党が成功したなら、「成功した」っていうことで喜びが来るけど、あと、生活でも、ちょっと補助金をもらったり、税金を減免してもらったり、まあ、「功徳」

はいろいろあるわけよ。あるいは、刑務所《けいむしょ》に入るところを入らずに済んだとか、入っても早めに出られたとか、八王子《はちおうじ》で捕《つか》まっても絶対大丈夫とか（笑）、いろいろ「功徳」はあるわけですよ。

いちおう、個人にも「功徳」は返ってはくるので、君らは、このへんのところが、やっぱり、まだ足りないよね。

4　公明党が掲《かか》げる「理想」とは

「日蓮《にちれん》的な博打《ばくち》」を打っているように見える幸福実現党

釈　違反《いはん》を揉《も》み消してもらうとか、そういう〝現世利益《げんせりやく》〟の背景としては、やはり、地方議員の存在が非常に大きいと思うのですが。

山口那津男守護霊　うん。それは大きいよ。細かく動いてくれるからね。

釈　しかし、私たちの戦い方は、やはり国政のほうで……。

山口那津男守護霊　だから、勝てないんだよ。こちらは地方から積み上げてきてるから。地方でワークして、細かいところから、要するに、市議や県議から、全部積み上げてきてるからね。もう年中、いつも選挙運動をやってるので、近所回りもよくできてるし、どこかで（票を）入れてくれた人は離《はな》さないようにしてるのね。

里村　もちろん、「地方議員の層が厚い」ということが、すごく国政選挙にプラスなのは分かっていますけれども、幸福実現党が立党した大きな趣旨《しゅし》として、「時間がない」ということがあるために、国政選挙を中心に挑《いど》んでいるわけなんです。こういう試みについては、どう思われますか。

山口那津男守護霊　つまり、君らのほうが、「日蓮《にちれん》的な博打《ばくち》」を打っているんであって、われらのほうは、意外に手堅《てがた》いんだよ。

地方の小さいところの市議や県議から積み上げて、それから、参議院にちょっと出て、「衆議院には出ません」と言っておいて、「次は衆議院に出る」みたいな感じで、騙《だま》くらかしながら、だんだん上がってきたわけで、手堅いのよ。仕事としては、すごい手堅く上がってきている。

だけど、君らは、真っ正面から、いきなり、「国会議事堂！」ってくるじゃん。ね？足元《あしもと》が固まってないのに、いきなり国会議事堂を攻《せ》めてくるじゃない？「国難来たれり」で、日蓮みたいに吼《ほ》えたがる気《け》があるよね？

私たちは、日蓮よりも手堅いのよ。

本山から破門されたことは、むしろプラスになっている？

里村　お言葉を聞いていると、日蓮様に対する信仰心《しんこうしん》というものは、あまり……。

山口那津男守護霊　うん。本山とは決裂《けつれつ》してるからね。

里村　ええ。

山口那津男守護霊　（本山とのつながりがあると）もう一丁、うまくいかないよね。

里村　つまり、本山から破門されて決別したことが、逆に、創価学会《そうかがっかい》や公明党には
プラスになっているわけですね。

山口那津男守護霊　だから、もう、現世利益に一本化して行けるじゃない？

里村　ある意味で、きちんとした宗教的な教義とはまったく切り離して……。

山口那津男守護霊　いや、まだ使ってるところもあるよ。

里村　それは、もちろん、ございますけれども。

山口那津男守護霊　「真言宗《しんごんしゅう》なんかを信心《しんじん》してたら、一家の大黒柱《だいこくばしら》の男性は死ぬ」とかね。

そういう迷信《めいしん》風の祟《たた》り、罰《ばち》については、人と会うときに上手に使う。「あ、真言宗ですか。真言宗は、跡継《あとつ》ぎの男性が死ぬんですよねぇ」とか、サッと挟《はさ》み込《こ》む。こんなことは、日蓮宗の教義に基《もと》づいて、ちょっと、まだ使ってるよ。

「アメとムチ」が創価学会《そうかがっかい》的な選挙運動の基本

里村　ポイントとしては、やはり、夢と、祟りや罰ですか（笑）。

山口那津男守護霊　うん。だから、「あの人とあの人が、あそこで死んだ」とか、そういう実例を挙げれば、「おお！」と思うでしょう？

里村　そのへんが、鎧兜《よろいかぶと》をこう……。

山口那津男守護霊　まあ、「アメとムチ」っていうのは、人類普遍《ふへん》の法則じゃん？　基本的にはね。だから、「アメとムチ」が要《い》る。君らには、「ムチ」が足りない、「ムチ」が。もうちょっと「ムチ」をやらないと……。

里村　ただし、私どもにとって、やはり、そういう考えというのは、宗教の教義から言って少し違《ちが》うのですけれども。

山口那津男守護霊　要は、負けてもいいんだろう？

里村　いえいえ。負けてもいいわけではありません。

山口那津男守護霊　創価学会的《そうかがっかい》には、負けたらねえ、もう正座させて、竹刀《しない》を膝《ひざ》の下に挟ましてて、「一晩中、正座しとれ！」っていう、このへんから始まってるからね。選挙運動に入ったときは。

里村　はいはい。

釈　創価学会というと、やはり、「青年部が強い」と、よく言われたりするのですけれども。

山口那津男守護霊　いや、昔ね。昔はそうだけど、今はどうか分からないな。

里村　確かに、今は、運動員の方が高齢《こうれい》化していて、「三世信者になると、ほとんど動かなくなる」というのが問題になっているようです。そういうなかで、勝利はしていものの、実は、選挙ごとに票数は確実に減っています。もちろん、投票率の問題もありますが、どのようにして……。

山口那津男守護霊　まあ、おたくのほうにも、だいぶ流れてるようだからさ。三世信者ぐらいになってくると信心が弱いから、幸福の科学なんかにも、けっこう流れてるよな。かなり行ってるような気がするよ。

釈　ずばり、池田大作名誉会長《いけだだいさくめいよ》とは、どういう関係でいらっしゃいますか。「洗脳による人間改革」を行うのが創価学会《そうかがっかい》の運動

山口那津男守護霊　「どういう関係」ったって、それは……。

釈　よく週刊誌では「X《エックス》デー」という報道がなされていますが……。

山口那津男守護霊　ああ、それを言ってるのか。だから、うーん……、まあ、政党自体は生き残れるんじゃないかなあ。

里村　ただ、「『池田先生をお守りする』という大きな目的は、学会員のモチベーションになっている」ということを、私も実際に聞いています。

山口那津男守護霊　初代から三代までをまとめて信仰の対象にしてるので、まあ、漠然《ばくぜん》としているんですよ。

漠然とはしてるけど、もともとは、初代の牧口《まきぐち》さん（牧口常三郎《つねさぶろう》）が教育者だったので、創価《そうか》教育体系みたいな、教育改革から入っている。つまり、価値革命みたいなのからいちおう入ってるから、うちにも哲学《てつがく》がないわけじゃないんだけどね。まあ、池田さんは「人間革命」だけども、そうした、いい言葉で言えば「教育」、宗教的に悪く言われれば「洗脳」によって、人間を改革する運動をやってるわけね。池田大作《いけだだいさく》氏のカリスマ性は、「みんなでつくり上げたもの」？

里村　そういう部分で大きな力になっているのが、カリスマである池田大作《いけだだいさく》さんだと思うのですが、たいへん失礼ながら、今、「Xデー」という言葉も出ました。

山口那津男守護霊　まあ、あれはマスコミ用語だからなあ。

里村　いやいや。ただ、人間は誰《だれ》でも必ず死にますので、「池田先生をお守りする」という公明党の存在意義、レーゾンデートルからすると、池田大作さんが亡《な》くなったあとは、どうなるのですか。

山口那津男守護霊　あ、大丈夫《だいじょうぶ》ですよ。だから、さっきも言ったじゃないの？　うちはね、「イスラム教にだって、明日から替《か》えても大丈夫だ」と言ってるぐらいですから。

里村　ええ。

山口那津男守護霊　次の〝御本尊《ごほんぞん》〟を探せばいいわけですから。

里村　宗教を替えるのですか。

山口那津男守護霊　いやいや。替えない替えない。人を適当に持ってくればいいわけですから。

里村　しかし、その次の、替われるようなカリスマがなかなかいないと言われています。

山口那津男守護霊　いやあ、いなかったらつくればいい。

もともと池田だってねえ、あ、いやいや、ちゃうちゃう、いやいや、池田先生……。もう、あんたねえ、こういう言い間違いを引きずり出すのはよくないよ。睡眠《すいみん》を取ってないんだ。僕《ぼく》だってねえ、寝《ね》れてないんだからさあ、間違うじゃないか。

池田先生も、もともとカリスマだったわけじゃなくて、みんなでカリスマにつくり上げたのよ、上手に。君らは、そういう努力が足りないよな。だから、カリスマでない人をカリスマにつくり上げたの。そういう力があるのよ。まあ、つくろうと思えばつくれるのよ、必要があればね。

里村　以前、池田大作さんの守護霊が、ここにいらっしゃって……。

山口那津男守護霊　ああ、そうなんですか。

里村　実は、「もう、創価学会は幕引きしていくんだ。そうなるのは分かっているんだ」と……。

山口那津男守護霊　へええ。

里村　まあ、謙虚《けんきょ》というか、正直におっしゃっていました（前掲《ぜんけい》『宗教イノベーションの時代』参照）。

山口那津男守護霊　それは、「『池田教』でなくなる」というだけのことだよ。ほかの「何とか教」になるだけで。

里村　「池田教」でなくなって……。

山口那津男守護霊　うん。別のでやる。

里村　公明党の支持母体として生き残れるのですか。

山口那津男守護霊　「山口教」でもいいんだけども、私はカリスマ性がちょっと足りないから、たぶんならないだろうと思う。

里村　はいはい。

山口那津男守護霊　もうちょっとアクが強くないと、創価学会には合わないので、アクの強い、よさそうなのを選び出して、やると思いますよ。

創価学会《そうかがっかい》の活動は、信者の「ストレス解消運動」？

江夏　では、そういう池田さんの存在がなくなったとき、公明党の議員や運動員も含《ふく》めて、活動の理想というものはあるのですか。

山口那津男守護霊　だからねえ、「ストレス解消運動」なんだよ。毎日、汗《あせ》を流してると、みんな、なんかスカッとするのよ。社会的には、踏《ふ》みつけられた層が多いのでね。

まあ、会社へ行って課長にもなれない人っていうのは多いよね。メーカーだったら、課長になるのは六人に一人、商社や銀行なんかだったら、大卒なら二人に一人ぐらいはなるかもしらんけども、まあ、管理職になれない人が多いよな。

そういう人たちは、会社では下積みで、いじめられて、給料があまり上がらなくて、定年まで我慢《がまん》してるんだけど、活動になったら、陣頭指揮《じんとうしき》を執《と》って、在家《ざいけ》で役職をもらえたりして、やれるじゃない？　それでスキーッとするわけだ。別出世がもう一つできるからね。

山口代表はシンボル的な「飾《かざ》り要員」

江夏　それについて、山口さん自身としても、「それでいい」と思っているのですか。

山口那津男守護霊　いや、私は違いますよ。私は、コースとしてはエリートコースを出てますから、シンボル的な「飾《かざ》り要員」です。創価学会というか、公明党のなかに「飾り要員」というのがいるわけで、私は「飾り要員」なんです。

里村　うん、うん。

釈　確かに、候補者の選び方は、「飾り」と言いますか、創価学会のアクの強いイメージを消す方を選ばれています。

山口那津男守護霊　（釈に）あんただって創価学会から出れば当選できてますよ。

釈　（苦笑）

山口那津男守護霊　十分に、それだけの口の悪さを持っていらっしゃる。

釈　そうですか。ありがとうございます（笑）。

山口那津男守護霊　大丈夫ですよ。

釈　ええ。

山口那津男守護霊　だから、ぜひ、入信しなさい。当選するから。

里村　いえいえ。口の悪さはともかくとして、確かに、今回の参院選で、神奈川《かながわ》選挙区では、松《まつ》あきらさんが引退して、佐々木《ささき》さやかさんという……。

山口那津男守護霊　うんうん。

里村　身長も高くて、タカラジェンヌに見えないこともないような人を候補に立てました。

「第一党にはなれない」というあきらめの原理も

釈　候補者に、どういう教育をされているのですか。例えば、「数千軒《けん》、企業《きぎょう》を回る」とか、確かに、足腰《あしこし》の鍛《きた》え方からして違っているのかなという気はするんですよ。

山口那津男守護霊　うーん。

釈　候補者として選ぶ人に、「まず、これをやれ」とか、そうした教育システムはあるのでしょうか。昔の自民党では、派閥《はばつ》が教育システムとしての機能を持っていましたが、そのあたりは……。

山口那津男守護霊　まあ、でも、ある意味でのあきらめの原理も、もう入ってるよ。

つまり、第一党というか、「もう国取りはできない」っていうのが、みんな分かってしまったからねえ。だから、「せめて補完勢力として統治の側に入り込む」というところあたりで、みんな満足してきてるから、その意味では、初期のころのような強い情熱は、もうなくなってはいるよなあ。

だけど、ある程度、〝マシン〟が出来上がってはいるのでねえ。今、言ったように、もう、ずーっと選挙、選挙、選挙で、何十年も選挙をやってきてて、毎回、同じローラーをしますから、返事をもらうまでの時間が短いのよ、君らより、はるかにね。

そのへんはしっかりしてるし、あと、逃《に》げたら、罰《ばち》が当たって死ぬことがあるからね。そういう噂《うわさ》が流れるからねえ。

里村　やはり、罰なんですか。

山口那津男守護霊　罰は当たるんだよ。

「日本神道《しんとう》」までは広げられないことが創価学会《そうかがっかい》の限界

里村　今、山口代表の守護霊様から重要な話が出ました。「連立与党《よとう》に参加することで、ある意味、満願成就《まんがんじょうじゅ》のようなかたちになってしまった。もう、これ以上はない」というお話でしたが、要するに、第一党になるおつもりについては、いかがなのでしょうか。

山口那津男守護霊　うーん。まあ、実際には無理です。はっきり言って難しいですね。

里村　難しい？

山口那津男守護霊　難しい。

里村　今までのピークが九百万票弱で、今回は七百五十万票でしたが、これ以上、積み重ねるのは難しいのでしょうか。

山口那津男守護霊　うーん。まあ、難しいねえ。

里村　その限界は、どういうところにあるのでしょうか。

山口那津男守護霊　うーん。やっぱり、日蓮宗の一派閥から生まれた宗教ですからね。それ以上に行こうとしたら、本当は、日本神道《しんとう》のほうが強くて、もうちょっとシェアを持っている。

自民党だって、ほかの保守系だって、日本神道の「神棚《かみだな》」をみんな祀《まつ》ってるよね。選挙放送を観《み》たら、いっぱい「神棚」が映ってるだろう？　だから、日本神道のほうが数は多いんだよ。そのシェアが取れないのでねえ。やっぱり、第一党は日本神道なんですよ、日本では。

里村　なるほど。そうすると、創価学会《そうかがっかい》を支持母体とする公明党としては、そちらのほうにウイングは広げられないわけですね。

山口那津男守護霊　うん。どうしても、他宗に対しては排撃《はいげき》するのが基本なので……。

里村　そうですね。

山口那津男守護霊　基本的には認めませんのでね。

里村　幸福実現党は、そこを含めて、〝上〟に広げていけるんですよ。

山口那津男守護霊　だから、勝ちたかったら、天照大神《あまてらすおおみかみ》を、もうちょっと前に打ち出したらいいんじゃないですか。自民党はみんな入ってくるよ。

5 「中国とのパイプ」が意味するもの

「中・韓《かん》との外交で、自民党に恩を売る」という狙《ねら》い

釈　今回、衆参のねじれは解消されましたが、今後、与党《よとう》のなかで、「公明党と自民党のねじれ」が顕在化《けんざい》してくるのではないでしょうか。

山口那津男守護霊　うん。いや、少しは存在感を見せなきゃいかんから、意見が合わないで、ちょっと、ごねるところを見せるとは思うよ。

まあ、でも、「公明党の発案によって決まったものを少しはつくらないかぎり、連立している意味はないから、それは呑《の》ませて、その代わり、自民党の安倍《あべ》さんが（公明党に）どこまで欲《ほっ》するか」っていうところが、駆《か》け引きだわな。

里村　そうすると、また、地域振興券《しんこうけん》のようなものが出てくるわけですか。

山口那津男守護霊　うーん。まあ、そういうわけではないけど、たぶんねえ、今、外交で行き詰《づ》まってるからさあ、中国・韓国《かんこく》と。

里村　ああ、そこに行かれますか。

山口那津男守護霊　公明党が代行してパイプになることで、点数を稼《かせ》ぎながら、自民党に恩を売るかたちになって、それで、自民党のほうは、公明党のその実績に合わして、「何かフェイバー（優遇《ゆうぐう》）を与《あた》えなきゃいけない」ということになるんじゃないですかねえ。

里村　今、図《はか》らずも、中国のほうに話を向けられたので、少々お伺《うかが》いしたいのですが、公明党は、中国とのパイプとして、どういうプラスをつくられるのですか。

山口那津男守護霊　だから、国交回復したときに、ずいぶん、公明党が根回ししたからねえ。向こうもそれを覚えてるから、「公明党との連立だったら、自民党を、完全な敵軍とみなして戦う態勢にならずに済む」ということで、非常に役に立つ。国民はよく見てるのよ。

公明党がくっついておれば、パイプはまだ残る。だから、「安定は、希望です」と言ってるのは、「まだ、パイプがある」ということなんだよ。

公明党のほうは、やっぱり、まだ、韓国や中国とパイプを結べるし、外国人の参政権等もあげるように、一生懸命《いっしょうけんめい》、努力してるからねえ。彼らが望んでることですから、それも運動してるしね。

そういう意味で、まだまだ難しい駆け引きではあるんだけども、譲《ゆず》るところというか、交渉《こうしょう》できるような部分を公明党は持ってるので、ここから入ってくるから、非常に重要な役割だと思う。

戦争を避《さ》けるためなら、「尖閣《せんかく》をあげてもいい」？

里村　ただ、お言葉ではございますが、「安定は、希望です」とおっしゃっている公明党さんがパイプになることで、日中関係はどんどん不安定になっているんです。

山口那津男守護霊　そんなことはない。

里村　例えば、尖閣《せんかく》問題は、その象徴《しょうちょう》です。

山口那津男守護霊　そんなことはないよ。たとえ尖閣問題が現実化しても、戦争にならないで済むかもしれない。

里村　なぜ戦争にならないのですか。中国が、日本の領土に乗り出してきたら……。

山口那津男守護霊　私が特使で中国に行くでしょう？　それで、話をするでしょう？　つまり、「尖閣をあげるけども、その代わり、漁業権については、このくらい認める」とかね。

里村　「あげる」というのは、まずいのではないですか。

山口那津男守護霊　いや、それは、場合によるんじゃない？

里村　場合による？

山口那津男守護霊　だから、その代わり、例えば、海底油田の掘削《くっさく》？　「今、中国が、（東シナ海で）新たに七個も掘削しようとしている」というのが選挙直前に出て、ちょっとビビッたけども、ああいうのを全部独占《どくせん》するつもりでいるやつを、「日本にも権益をちょっと分けてやる」とか、まあ、そういうことはあるわね。

あんな海底油田をあれだけ掘《ほ》る以上、軍事基地が必要ですから、中国は、絶対、島に軍事基地をつくりたいはずなんだ。

だから、やると思いますよ。だけど、それが大戦争にならないように、それを上手に〝留め金〟で留めるのが、公明党の役割じゃないですか。

里村　ただ、「大戦争にならない」と言っても、その場合、日本は領土を失っていきますよ。

山口那津男守護霊　ええ。もうすでに、いっぱい取られたじゃん。先の大戦で負けたら、いっぱい取られたじゃない？

里村　いやいや。「いっぱい取られたから、もっと取られてもいい」というのではなく、逆に、取り返すぐらいのことが必要ではないですか。

山口那津男守護霊　いや、人が住んでないんだから、そんな大きな問題じゃない。アホウドリの〝国籍《こくせき》〟が変わるぐらいだからさ。

里村　いやいや。逆に、日本も、そこをベースとしてガス田の開発などをしていくべきです。あるいは、尖閣を重要な防衛拠点《きょてん》として……。

山口那津男守護霊　いや、そう言ったって、君ねえ、中国との国交を断絶し、経済交流がゼロになってまで、やるだけのメリットがあるかどうか。これは比較考量《ひかくこうりょう》っていうんだけど、やっぱり、これを比較して、どちらが重いか、考えなきゃいけないからね。

アメリカだって考えてるはずだよ。核《かく》戦争をするのと、中国と貿易を続けるのと、どちらが得か、やっぱり考えてるよ。

里村　もちろん、メリット、デメリットはございますけれどもね。

「中国が東南アジアを経済支配するだろう」との予想

里村　ところで、少しお伺いしたいのですが、山口代表は、今年一月、日本政府の重要な立場の方としては初めて、国家主席になられた習近平《しゅうきんぺい》氏と会われました。習近平氏とは、それまでに三回会われていて、今回は四回目だったとのことですが、どのようにご覧になりましたか。

山口那津男守護霊　とにかくねえ、安倍さんは、あまり頭を下げたくないだろうから、代わりに私が頭を下げてやるよ。それが、「パイプになる」っていうことだ。それで、「連立のパートナーである公明党が、取り持ちをしてやることで存在意義を誇示《こじ》し、日中の接着剤《せっちゃくざい》になる。懸《か》け橋になる」ということでもって、大きな騒《そう》乱《らん》にならないところで終わらせる。そういうことだな。

里村　「その懸け橋は、〝地続き〟で危険だ」と、私は思うのですけれども、山口代表は、すなわち、この世に肉体を持っているほうのご本人は……。

山口那津男守護霊　ああ、肉体ね。うん。

里村　習近平氏のことを、「穏《おだ》やかで、徳が高い人だ」とおっしゃっていましたが、守護霊様は、本音では、いかがですか。

山口那津男守護霊　まあ、剛腕《ごうわん》だよね。

里村　剛腕？

山口那津男守護霊　うーん。剛腕だと思うなあ。だから、アメリカに行っても、全然押《お》されない。アメリカの大統領に対しても、引けを取らない強さ？　やっぱり、強引《ごういん》だし、剛腕だね。天皇陛下とでも強引に会うしね。そういう意味で、アグレッシブなところがある人で、久々に強いリーダーなんじゃないですか。

里村　その「剛腕」というのは、日本にとって、プラスですか、マイナスですか。

山口那津男守護霊　そりゃ、日本が中華《ちゅうか》経済圏《けん》のなかで残ることができるんなら、プラスでしょうよ。いちおう中国が東南アジアを経済支配するだろうと思いますので。

里村　山口さんは、そう予想されている?

山口那津男守護霊　うん。アメリカは、いちおう、ハワイ以東に引いていくと思いますよ。だから、中国の経済圏になったときには、やっぱり、つながりが必要ですよね。

中国との関係から「日本の生き筋」をどう見るか

里村　その場合、日本の生き筋とは、どのようなものですか。

山口那津男守護霊　ええ?　日本の生き筋?

里村　ええ。

山口那津男守護霊　日本の生き筋としては、とにかく、「戦争で大勢の人が死なないようにする。平和憲法を維持《いじ》して、死なないようにする」っていうことが大事なんじゃないの？

里村　ただ、中国は、尖閣を取ったら、当然、次に、石垣島《いしがきじま》、宮古島《みやこじま》、そして、沖縄《おきなわ》本島を取りに来ますよ。

山口那津男守護霊　いや、分からない。それは分からない。フィリピンやベトナムのほうが取りやすかったら、やっぱり、そっちへ先に行くと思う。

里村　しかし、実際に今、中国は、沖縄観光などに非常に力を入れていて、どんどん入り込《こ》んできています。

山口那津男守護霊　まあ、人数が多いからねえ。十三、四億もいるから、みんな出口を求めてる。だから、中国人だって、「日本のほうが生活がいい」と思っていて、入れるもんなら、入りたいわなあ。

日本が国際化していいじゃない。

釈　八王子《はちおうじ》にある創価《そうか》大学は、中国から大勢の留学生を受け入れていますが、「スパイ養成学校と化している」とも言われています。このあたりは、どうですか。

山口那津男守護霊　まあ、お互《たが》い様なので、しょうがない。池田《いけだ》先生が中国から勲《くん》章《しょう》をたくさんもらって、権威《けんい》付けしてもらってますし、北京《ペキン》の大学で講演させてもらったり、いろいろと聖教新聞の題材になることを、中国には頂いておりますので、まあ、「相身互い《あいみ》」というところかなあ。

里村　相身互いは結構ですが、山口代表守護霊としては、「沖縄が中国のなかに組み入れられてしまっても、いいのではないか」というお考えなのでしょうか。

山口那津男守護霊　沖縄というか、琉球《りゅうきゅう》そのものは、もともと、「半分中国、半分日本」なんじゃないの？

釈　おっしゃっていることを聞くと、共産党や社民党とあまり変わらないように感じるのですが。

山口那津男守護霊　そうですかねえ。まあ、私たちは、自分たちの身を守るために、自民党にくっついてるから、違《ちが》うのかもしれないけどもねえ。

釈　日本の国は、これから、どうなると思っておられますか。あるいは、どうなるべきだと思っておられるのですか。

山口那津男守護霊　まあ、アメリカ、中国に、うまくコバンザメみたいにくっついていければ、三位ぐらいの経済繁栄《はんえい》でついていけるんじゃないですか。

里村　ただ、今のお話からすると、それは、日本がどんどん中国の〝コバンザメ〟になっていく方向ですよね？

山口那津男守護霊　まあ、あと、安倍さんのアベノミクスがどこまで成功するか、知らないのでね。いちおう、「世界一を目指そう」なんて、何だか、君らみたいなことを言ってるからさ。もしかして、そうなるかもしれないじゃないですか。そのへんは、公明党の力では、何ともできないのでね。

公明党と中国共産党の共通点は「一党独裁」

江夏　中国の政権は一党独裁であり、ある意味、人民を抑圧《よくあつ》するような……。

山口那津男守護霊　いやあ、いいんじゃないの？　でも、公明党も創価学会も一党独裁ですよ。

里村　一党独裁ですか。

山口那津男守護霊　うん。そりゃそうですよ。うちも一緒《いっしょ》ですから。基本的な体質は一緒ですよ。これ（公明党）だって、天下取りに成功したら、ああなるだけで、成功しなかったら、まあ、こういうかたちになる。

江夏　中国のような政権を肯定《こうてい》されるわけですか。

山口那津男守護霊　まあ、判断がスピーディーでいいじゃないですか。トップが決めたら、それで決まるんだから。

江夏　自由と民主主義については、どうお考えですか。

山口那津男守護霊　自由と民主主義で洗脳されてる人たちは、もう、どうでもいいんじゃないですか。

里村　え？「自由と民主主義で洗脳」？

山口那津男守護霊　いやいや。中国の国民もマスコミも洗脳されてますよ。日本も、宗教を信じる者は洗脳されてますから、一緒だよ。

釈　ところで、皇室に関しては、どういうお考えでいらっしゃいますか。

山口那津男守護霊　微妙《びみょう》な質問をかけてきたな。あんたにしちゃあ、なんか、ずいぶん厳しい〝球〟を投げてきたなあ。

まあ、皇室に関しては、うちも勲章をもらったりしなきゃいけないのでね。私にだって、勲章はたぶん出るはずだから。いずれね。党首をしたら出るはずだから、参内《さんだい》できないようになると困るので……。

釈　主権回復式典が終了《しゅうりょう》して、天皇・皇后両陛下が退席される際、自発的に「天皇陛下万歳《ばんざい》」の唱和が起きましたが、それに対して、山口代表は不快感を表明されていました。

山口那津男守護霊　うーん。正直言って、そらあ、やっぱり面白《おもしろ》くないよね。正直言って、うちは、天皇陛下じゃなくて、「池田大作《だいさく》万歳」でなきゃいけない。本当はね。

里村　ほうほう。

山口那津男守護霊　本当は、そうだから。うん。

里村　しかし、先ほど、江夏幹事長から話があったように、中国共産党は一党独裁です。

山口那津男守護霊　うん。

里村　中国の影響《えいきょう》が強くなってきて、中国共産党とぶつかったら、公明党は潰《つぶ》されてしまうのではないですか。

山口那津男守護霊　そんなの分かんないよ。宗教的洗脳力が強く、折伏《しゃくぶく》力が強ければ、分からないじゃないですか。そういうことも、あるんじゃないですか。

江夏　中国の共産党は、唯物論《ゆいぶつろん》ですけれども。

山口那津男守護霊　いやあ、うちは宗教であるけども、半分は唯物論だから。教義的に、あの世はよく分かんないのでね。

「河野《こうの》談話」「村山《むらやま》談話」の見直しをしたくない理由

釈　「河野《こうの》談話」「村山《むらやま》談話」の見直しについては、どう考えていらっしゃいますか。

山口那津男守護霊　あんまり急ぐと危険なんじゃないですか。安倍さんも最近うまくなったからね。言うこととやることを変えるのが、すごくうまくなってきたので、「いちおう踏襲《とうしゅう》する」と言いつつ、違うことをやれば、よろしいんじゃないでしょうかね。

釈　安倍さんの話が出ましたが、「今、自民党は、公明党なしに選挙ができないほど、組織力が非常に弱くなっている」という話も聞きます。自民党との関係については、これから……。

山口那津男守護霊　あ、自民党は、党首の人気で、ものすごく変動し始めたからね。まあ、民主党もそうだけど、あれだけ変動すると、自信を少し失ってるところはあるわね。

だから、やっぱり、「比例は公明党で、選挙区は自民党」みたいな協力関係ができてるところも、けっこうあるのでね。

まあ、非常に、何て言うか、引っ越《こ》し業者みたいなもので、「公明党員がやってくると、あっという間にパッパパッパパッパッと、いろんなものが出来上がってくる」みたいなところはあるのさ。

里村　少し話を戻《もど》します。先ほど、「『村山談話』『河野談話』の見直しは、あまり急がなくていい」とおっしゃいましたが、いずれ見直すべきだと思われますか。それとも、見直さなくていい？

山口那津男守護霊　まあ、いいんじゃない？　もう、過去のことで、「悪うございました」と言って済むんだったら、それでいいじゃない？

里村　それが済まないのです。今、中国は、「日本人は、自分で『悪いことをした』と認めているではないか」と言って、そのことを、自国の軍備増強を正当化する理由の一つにしています。

あるいは、韓国もそうです。韓国の政権が日本を責めるのは、「日本人は、『悪いことをした』と自分で認めているではないか」と考えているからです。

山口那津男守護霊　いやあ、談話を見直したら、公明党も集団的自衛権を認めないといけなくなるからさ。だけど、方針的には、「日本が外国に対して戦争をする」ということに対しては、いちおう反対なのでね。

里村　要するに、創価学会の婦人部が、「私たちは平和勢力だ」と言って……。

山口那津男守護霊　いや。あのねえ、君らは下手だと思うんだけどさあ。本当は、戦争が好きなところほど、平和を言うものなのよ。だから、平和を言わなきゃいけないんだ。

君らは、本当に戦争したいわけじゃないのに、戦争のことを言って、平和を言わないけど、もっと、平和を言わなきゃいけない。君たちねえ、もうちょっと嘘《うそ》をつく練習をしなきゃ駄目《だめ》だよ。

これは、システム的に研修局でやらなきゃ駄目だ。

里村　いえ。これは、「うまい下手」の問題ではないと思います。

江夏　その観点で行くと、われわれは、「従軍慰安婦《じゅうぐんいあんふ》」や「南京大虐殺《ナンキンだいぎゃくさつ》」について……。

山口那津男守護霊　あんなもの、今ごろ突《つ》っ込むもんじゃないよ、君ぃ。

江夏　いや。あれが、今、大問題になってきているのです。

山口那津男守護霊　〝火傷《やけど》〟だよ、あんなのに手を出したら。

江夏　公明党さんの立場としては、「従軍慰安婦」「南京大虐殺」は……。

山口那津男守護霊　分からないけどさあ。ああいうのを、今さら引っ繰《く》り返しに入ったら、火傷するから。

幸福の科学は「弱者へのアピールが下手」？

里村　公明党さんは、早くから韓国にも行って、どんどんパイプをつくっていらっしゃいましたが、本当にそういうパイプがあるなら、なぜ、「あれは間違った話です。ああいう事実はありません」と、日本の正しい立場を言うパイプ役にならないのですか。

山口那津男守護霊　まあ、君らに、ちょっと忠告しとくけどね。いちおう宗教政党をつくったり、あるいは、宗教として活動したりしているのに、君らは、ちょっと、弱者に対するアピールが下手すぎるわ。弱い者に対して、「救おうとしている」とか、「助けようとしてる」とか、そういう打ち出しをもっと上手にやらないといけない。宗教心のある人たちは、そちらのほうに惹《ひ》かれていくのでね。だから、君らは、ちょっと冷たいよ。うん。そのへんが下手だと思う。

江夏　ただ、宗教には、「正しさ」というものがありますよね？

山口那津男守護霊　その意味では、（君らは）十字軍みたいな感じになってくるからねえ。

「池田大作《いけだだいさく》は釈迦《しゃか》よりも、共産党よりも偉《えら》い」という認識

江夏　公明党さんには、正義を追求する気概《きがい》があるのでしょうか。

山口那津男守護霊　それは、折伏する団体である以上、あることはあるよ。まあ、マスコミも含《ふく》めて、外の人は認めやしないだろうけども、いちおう、理論的には、池田大作《いけだだいさく》先生は、日蓮《にちれん》の生まれ変わりみたいな立場に立っていることになってて、「日蓮は、仏陀《ぶっだ》よりも偉《えら》い」ということになっている。それが、もとの大《たい》

石寺系《せきじ》の考えであるわけだ。

つまり、仏教系のなかからも「異端《いたん》だ」と言われてるのは、仏教の諸派のなかで、「日蓮は仏陀より偉い」と言ってるところがないからですよ。それは、日蓮宗の一部にしかなくて、大石寺系だけが言っている。

日蓮宗でも、身延山《みのぶさん》系とかは、「仏陀が上で、日蓮は弟子《でし》」ということになっていて、「地涌《じゆ》の菩薩《ぼさつ》の一つである上行《じょうぎょう》菩薩」というのが、日蓮の位置づけなんだけども、大石寺系、創価学会系だけは、「日蓮のほうが釈迦《しゃか》よりも偉い」ということになっている。

要するに、〝日蓮の生まれ変わり〟の池田大作は、釈迦よりも当然偉いわけで、共産党よりも偉いわけですよ。

釈　これは、仏教で言ったら、異端というよりは、もう完全に邪教《じゃきょう》ですね。

山口那津男守護霊　まあ、そういう考えもあるけども、本当に信仰《しんこう》したら、やっぱり、自分のところの先生を偉く言うのは普通《ふつう》なんじゃないの？

「集団的自衛権」に対して否定的な理由

釈　一つ、確認したいのですが、集団的自衛権の問題については、最後までノーを貫《つらぬ》かれますか。

山口那津男守護霊　うーん……。今、見通しとしては、「米軍が動き回ってるうちは大丈夫《だいじょうぶ》だろう」と思ってる。まあ、「米軍だけで戦ってくれて、日本軍に別に被《ひ》害《がい》は出ない状況《じょうきょう》なら、いいかなあ」とは思ってるんですけどね。

里村　ただ、先ほど、守護霊様の今後の見立てとして、「アメリカは、やはり、アジアから引っ込んでいくだろう」とおっしゃっていましたが。

山口那津男守護霊　流れ的にはそうだから、よく見極《みきわ》めないといけない。

里村　そうだとしたら、日本は、やはり、集団的自衛権を行使して、フィリピン・ベトナムをも含めた「アジアの平和」を守る力にならなければいけないのではありませんか。

山口那津男守護霊　そんな義務は……。いや、それだったら、第二次大戦の繰り返しじゃない？　もう一回やることになる。「東南アジアを守るために、中国と戦う」みたいな感じになったら、ちょっと、一緒になっちゃうから、やっぱり、もう、それはやらない。

里村　あのときは、「アジアを守るために、ロシアと戦う」というのが、大きなテーマだったのですが。

山口那津男守護霊 「八紘一宇《はっこういちう》」、大東亜《だいとうあ》戦争になっちゃうから、もう、それはやらない。アジアの諸国を守るために、日本の国防軍か自衛軍か知らんけども、「それが戦う」ということはしない。それはない。

里村 そうなると、フィリピンもベトナムも、中国に、本当に落とされていくかもしれませんよ。

山口那津男守護霊 まあ、過去は、そういう時代もたくさんあったんじゃないの？ もともと取られてたじゃない？ ベトナムは、越南《えつなん》とか言われて、取られてたんだから。

里村　「『過去がそうだから』といって、これからも、それでいい」ということにはならないですよね？

山口那津男守護霊　習近平が強いなら、しょうがないじゃないの？　創価学会《そうかがっかい》・公明党が目指しているのは「法華経帝国主義《ほけきょうていこく》」

釈　日本は、かつての聖徳太子《しょうとくたいし》の時代から、自分の国に対するプライドをかけて、「十七条憲法」という憲法を持ったり、自分の国を守るために戦ったりする国です。

山口那津男守護霊　まあ、聖徳太子は偉いかもしらんけども、あのときの隋《ずい》と日本の力関係から見れば、ああいう無礼《ぶれい》な国書を送ったら、向こうが軍隊を送ってきたって、文句《もんく》を言えなかったので、ちょっと、若気《わかげ》の至りのところがあったんじゃないかねえ。

里村　いやいや。聖徳太子様は、アジア情勢を正確に知っていて、隋がそのように動けないと見て、国書を送っているのです。

山口那津男守護霊　だけど、あんな、「日の出《い》づるところの天子《てんし》が、日の没《ぼっ》するところの天子に書を送る。つつがなきや」なんてことを言ったら、怒《おこ》るわね。

里村　しかし、あれが、ある意味で、日本の独立を守ったわけですよ。

山口那津男守護霊　まあ、でも、最近、「聖徳太子は実在しない」なんていう説も出始めてるのでね。あまりに偉すぎるので、「そんなバカな人はいないんじゃないか」という……。

釈　国に対する誇《ほこ》りをお持ちでいらっしゃいますか。

山口那津男守護霊　いや、共産党がインターナショナルで、万国《ばんこく》の労働者の団結団体であるように、われわれは、ある意味での「法華経帝国主義《ほけきょうていこく》」だから、教えに基《もと》づいて国がつながるなら、つながっても構わん。
海外にだって、創価《そうか》大学の仲間というか、〝姉妹《しまい》校〟（交流校）はたくさんあるわけで、君たちより進んどるわけよ。海外にも学校を建ててるから、そういう意味での、信仰に基づく「つながり」はあるわけ。それは、君らも一緒でしょう？　そんなのは一緒じゃないの？

沖縄《おきなわ》については、「中国と日本の共同統治にする」？

里村　いやいや。今、「法華経帝国主義」とおっしゃいましたが、私からすると、それは、中華《ちゅうか》帝国主義のほうに見事に利用されているように見えます。

山口那津男守護霊　うーん、まあ、大丈夫、大丈夫、大丈夫。私がちゃんとバランスを取るから。沖縄《おきなわ》は、中国と日本の共同統治にするから、大丈夫。

里村　それでは、全然バランスが取れていませんよ。

山口那津男守護霊　いや、あそこはいいよ。だって、あれだけ日本の国に対して県民が反対して、わざわざ安倍さんに反対するような人を当選させたりしてるじゃない？　あれはしかたないわ。

地方交付税がぶった切られてもやむをえないわ。あれはしかたない。だから、あれはもう、共同統治だね。

里村　その〝バランス感覚〟は、たいへん危険なものだと思います。

そこで、はっきりお訊《き》きしますが、実は、創価学会・公明党は、中国の国内工作を担当しているのではないでしょうか。中国との間で密約を結んで、中国のために何かをやり、その見返りに、何か「アメ」をもらっているのではありませんか。

山口那津男守護霊　いやあ、そんなことはない。私は、弁護士ですし、「憲法をはじめ、日本の法律をキチッと守る」という立場ですから、そんなことはない。それ（憲法）を乱暴に変えようとする安倍さんを抑制しようとしてるだけで、それが、あなたがたから、中国の利益に資《し》するように見えてるだけであってね。だけど、まあ、安倍さんのやり方は、ちょっと乱暴なので……。

「中国の脅威《きょうい》」を言い始めたら、公明党はなくなる?

里村　ただ、「乱暴」とおっしゃいますが、公明党さんの「参院選重点政策」を見ると、拉致《らち》問題について一言だけ触《ふ》れていますが、中国の脅威《きょうい》に対しては、何にもないんですよ。

山口那津男守護霊　それは言えない。それは言えないわ。

里村　中国の脅威から、日本をどう守るのですか。重点政策のなかに、「国民の生命・財産・安全をどう守るか」がないのです。なぜですか。

山口那津男守護霊　内部の人たちは、中国に対して、友好関係を念頭に置いてるのでね。中国と国交回復したのは、創価学会の発案による公明党の根回しがあったからで、それが公明党の手柄《てがら》であるから、それを言うと、公明党史が書き換《か》えられなきゃいけなくなっちゃう。

だから、それは、言うわけにもいかない。

里村　いや、逆に、そこは書き換えられないといけないと思うのです。

山口那津男守護霊　書き換えたら党がなくなるわね。

里村　「公明党が、日中国交正常化において、どの程度、力があったのか」ということについては、私には少し疑問もあるのですが、少なくとも、あのあと、日本は、台湾《たいわん》との縁《えん》を切る方向にも進んでしまいました。このマイナスは非常に大きかったのではないかと思うのです。

山口那津男守護霊　まあ、でも、アメリカもそうなってたんだから、そら、しょうがないだろうよ。

中国と水面下で進む「バーター交渉《こうしょう》」の実体

江夏　今の話を聞くと、「党を守って国を売る」という感じが非常にするのですが。

山口那津男守護霊　そんなことはないですよ。党を拡張して国を広げるんだよ。

里村　国を広げるんですか。「日本を」ですか。

山口那津男守護霊　うんうん。

里村　日本を、中国のほうにまで？

山口那津男守護霊　ああ、中国に『法華経』を、もう一回、輸出してやるよ。

里村　「中国に広げる」とおっしゃいましたが、本当は、「中国が広がって、日本が呑み込まれる」というかたちをイメージされているのではないですか。

山口那津男守護霊　いやあ、中国のなかで、今、五つの宗教に関しては、監視《かんし》付きではあっても「信教の自由」があるけど、創価学会だけは、六つ目の宗教として認定されるようになるからね。

まあ、宗教から言えば、十三億人のマーケットだよな。「十三億人のマーケットを、日本の宗教として、唯一、取れる」というのは大きい。君らとは、もうダントツに差がつくよ。君らは、残念だなあ。絶対に入れないからね。

里村　「幸福の科学出版が、中国の雑誌に広告を出そうとしたら、創価学会から圧力というか、横槍《よこやり》が入って、掲載《けいさい》できなくなった」という話を聞いたこともあります。私たちの邪魔《じゃま》をされていますよね？

山口那津男守護霊　うちも、一部、そういう〝機動部隊〟をちゃんと持ってるからね。まあ、そういう〝ジャブ〟は、あちこちに入れてますよ。

里村　つまり、中国共産党と話はついていると？

山口那津男守護霊　話がついてるわけではないんだけど、まあ、「向こうが日本に進出してくる代わりに、中国国内での布教《ふきょう》を認めよう」というバーター交渉《こうしょう》は、水面下で進んでるわね。

公明党は中国問題で本当に「希望」になれるのか

里村　私は、いろいろな方に、「公明党に票を入れたら、もれなく、中国共産党がついてきますよ」ということを話しているのですが、これについて、いかが思われますか。

山口那津男守護霊　公明党に票を入れたら、中国共産党が……。

里村　「もれなく中国共産党、中共《ちゅうきょう》がついてきます」と。

山口那津男守護霊　何だか、よく分からないね。なんか、「くじを引いたら、当たりがついてくる」みたいな言い方……。

里村　当たりならいいですけれども、大外れなんですよ。

山口那津男守護霊　なんで？　中国をそんなに嫌《きら》っちゃいけないじゃないの。

里村　しかし、今のお話からすると、公明党という勢力があると、中国は、戦争という手を下さなくても、日本のなかで、勢力をどんどん広げていけることになるではありませんか。

山口那津男守護霊　そんなことはない。

ついこの前、民主党政権は、三年三カ月の間、中国と仲がすごくうまくいって、経済的にも発展しようとしてたけども、いろんな失策が出て、崩壊《ほうかい》した。

逆に、自民党政権になったら、今度、中国と決裂《けつれつ》するような関係になるかもしれないけども、「公明党と連立していることによって、関係を維持できる」ということで、国家の外交が継続《けいぞく》できる可能性があるわけだ。

その意味で、民間企業《きぎょう》たちには、「ああ、公明党が入ってくれているから、まだ中国から逃《に》げ出さなくても、工場を置いといても、いけるかなあ」という、ものすご安心感があって、それが「希望」なんだよ。公明党が（政権に）入ってるから、撤退《てったい》しなくてもいいんだ。

里村　つまり、「安定は、希望です」というのは、全部、目先の話なんですよ。

山口那津男守護霊　目先でないよ。将来じゃない？　将来じゃん。

里村　それは、将来でも何でもありません。

山口那津男守護霊　将来じゃない？

里村　それは、まさに〝アヘン〟です。

山口那津男守護霊　あなたねえ、中国から、店とか、百貨店とか、工場とか、みんな撤退しなきゃいけないことになったら、本当に大変なことですよ。

里村　いや、中国経済は、これからドスーンと下がりますから、向こうに進出している日本企業は、むしろ、大変な損をしますよ。

釈　「中国に対する危機感の違い」、それから、「中国という国の本質をどう見るか」ということが、今後、大きく問われてくると思います。

山口那津男守護霊　だから、公明党の存在感が、その意味で、大きくなりますよ。中国と根回しして話をつけるのは、たぶん私になるから。

里村　そうでしょうね。

山口那津男守護霊　安倍さんでは、もう、口をきいてくれないから。

6　山口代表の「過去世《かこぜ》」について

釈　非常に自信を見せておられるのですが、もしかして、そうした意味では、中国と縁《えん》の深い魂《たましい》でいらっしゃるのでしょうか。

山口那津男守護霊　ああ、そういう宗教的な質問はあまり……。この世的に行こうよ。

里村　いやいや。ここに来られる、共産党や社民党の党首が、「そういう宗教的なものは分かりません」と言うのは分かります。ですが、創価学会《そうかがっかい》は、いちおう法華《ほけ》経《きょう》の団体で、仏教を信仰《しんこう》していますから、転生輪廻《てんしょうりんね》は認められますよ。

山口那津男守護霊　いや、あんた、法華経は中国から入ったんだからさ、中国は恩のある国なんだよ。

里村　はい。

山口那津男守護霊　国の恩があるんだよ。だから、そういう意味では、否定してはいけないんだ。

里村　まあ、私《わたくし》が、こういうことを申すのは〝あれ〟ですが、山口代表の過去世《かこぜ》が、そんなに名前のある方とも、あまり思えないのですが（笑）。

山口那津男守護霊　ええ。まあ、そういう意味では、君と一緒《いっしょ》だよ。うん。たぶんな。

里村　いちおう、どうでしょうか。過去世においては、日本や中国にお生まれになったわけですか。

山口那津男守護霊　いやあ、ねえ、うちの教えではねえ、そのへんは、あまりよく分からないんだ。

里村　ええ。

山口那津男守護霊　そういう転生輪廻は、あまりはっきりしないんだよ。まあ、「あの世らしきものは、あるかもしれない」という程度で、「あの世へ還《かえ》ったら、生命《せいめい》の大海みたいなものがあって、この世の人たちの個性ある魂は、みんな、その大海のなかに入り、その一滴《ひとしずく》になって、生命の海に戻《もど》っていく。そのなかから、たまに生まれ変わってくるような人もいるのかもしれない」というぐらいの、漠然《ばくぜん》とした霊界観《れいかいかん》しか、うちにはないのでね。

里村　そうですね。ただ、今日は、登場された最初から、しっかりと、ご自分が守護霊だと分かっていらっしゃいました。

山口那津男守護霊　ああ、そうかそうか。

里村　すみませんが、どなたでいらっしゃいますか。

山口那津男守護霊　君ねえ、池上《いけがみ》は髪《かみ》の毛が薄《うす》いからいじめてもいいけどさ、俺《おれ》をいじめるのは、やめようよ。

里村　いやいや、いじめているわけではございません。

山口那津男守護霊　ええ？　私は、大川総裁の何年か先輩《せんぱい》なんだよ。

里村　ええ。

山口那津男守護霊　だから、創価学会、公明党がねえ、幸福実現党だの、幸福の科学だのをいじめようと思ったら簡単なんだけども、やっぱり、先輩後輩のよしみで、いじめすぎないように抑《おさ》えてやってるんだからさあ。抑止《よくし》力になってるんだから、そのへんを考えなきゃいけないよな（笑）。

里村　抑止力についての話は、少し別にしても、まあ、過去世は、どうですかねえ。

会場内のみなさんは、山口代表の過去世に、それほど関心がないでしょうか（会場笑）。

山口那津男守護霊　まあ、だから、創価学会の教義には、「日蓮大聖人《にちれんだいしょうにん》の生まれ変わりが池田大作《いけだだいさく》だ」という転生輪廻が一つだけあるんだけど、あとはないんだよ。うん。

7　連立政権の「ブレーキ役」として

国防に関してブレーキを踏《ふ》めば「話し合いの道」が開ける？

里村　そうしましたら、時間も迫《せま》ってまいりましたので、ぜひ、お伺《うかが》いしたいことがございます。山口代表は、昨日《さくじつ》のテレビのインタビューでも、「自民党との連立政権の『ブレーキ役』である」とおっしゃっていました。

山口那津男守護霊　うーん。

里村　今日も、先ほど少し、「『河野《こうの》・村山《むらやま》談話』は変えなくてもよいのではないか」、あるいは、「集団的自衛権の行使は、やめたほうがよいのではないか」と、ブレーキ的な発言をしておられましたが、この「ブレーキ」というのは、だいたい、何を意味しているのでしょうか。そして、何をされるのですか。

山口那津男守護霊　だって、今、海上保安庁が石垣《いしがき》や尖閣《せんかく》を守ってるんでしょう？

里村　ええ。

山口那津男守護霊　あれは、国交省の管轄《かんかつ》でしょう？　国交省は、長らく公明党が大臣をやってたから……。

里村　そうなんです。今回も、公明党の太田昭宏《おおたあきひろ》さんが国交省の大臣をされています。

山口那津男守護霊　だから、「公明党が国交省の大臣をやっている」ということは、「中国との武力衝突《しょうとつ》はない」ということを意味しているわけですよ。これは、「平和、安定、希望」なんですよ。

里村　ええ。それについては、私もそう思っていました。

太田さんが国交大臣ということで、だからこそ、「海上自衛隊が、この地域の保安のために、しっかりと回る」ということは必要な……。

山口那津男守護霊　海上自衛隊を入れないようにしているんです。

里村　それは、つまり、最初に「アベノミクスは成功だ」とおっしゃいましたが、公明党は、安倍《あべ》さんの外交や安全保障方針に関して、ブレーキを踏《ふ》まれるわけですか。

山口那津男守護霊　野党が言ってるのは、ほとんど、「平和憲法を守れ」「憲法九条を守れ」ということばっかりでしょう？

里村　ええ。

山口那津男守護霊　だから、与党《よとう》のなかに入っている勢力に、それを言う人がいれば、野党の批判を封《ふう》じられるわけで、これは必要な役割なんですよ。

里村　いや、「野党の批判を封じる」というよりも、「日本の安全を守る方策」のほうが封じられるのではないですか。

山口那津男守護霊　いやいや。まあ、でも、いちおう、何て言うの？　戦闘《せんとう》を激化しない方向にブレーキを踏むことで、やっぱり、話し合いの道が開けるじゃないですか。

「中国は日本に核《かく》ミサイルを撃《う》たない」という推測

山口那津男守護霊　あんたがたはね、そうやって、すぐに戦争をしたがるのかもしれないけど、戦争の前に「外交」が非常に大事なんだよ。

里村　決して戦争がしたいわけではありません。平和を守りたいんです。

山口那津男守護霊　「外交」があって、それで、「外交」が尽《つ》きたときに「戦争」なんだよ。

里村　しかし、中国は日本に核《かく》ミサイルを向けているんですよ。

山口那津男守護霊　撃《う》ちゃしないって。

里村　なぜ撃たないのですか。

山口那津男守護霊　撃つわけないのよ。

里村　でも、中国に脅《おど》されたら、日本はそれで〝万歳《ばんざい》〟ですよ。

山口那津男守護霊　撃つわけないじゃない。

里村　なぜ、撃つわけがないのですか。

山口那津男守護霊　だって、撃ったら、取るものがなくなるじゃない？

里村　ほうほう。

山口那津男守護霊　だから、撃ちやしないよ。大丈夫《だいじょうぶ》だよ。

里村　そうすると、「撃ちはしないが、取らせる」と？

山口那津男守護霊　だけど、「日本が核兵器を持つ」と言うなら、撃ってくるかもしれないよ。日本の核兵器を潰《つぶ》すために撃ってくるかもしれない。もし、日本が持つんだったら、日本が中国に撃ってくるかもしれないからね。だから、「日本が核兵器を持つ」というのなら、日本を撃つかもしれないけど、持たないかぎりは撃たないよ。

江夏　ただ、最後に、「その日和見《ひよりみ》的な平和主義のほうが、逆に戦争を誘発《ゆうはつ》する可能性がある」ということだけは言っておきたいと思います。

山口那津男守護霊　まあ、そういう考えもあるけどね。

「他国侵逼難《しんぴつなん》」を訴《うった》えた日蓮《にちれん》の精神を引き継《つ》いでいないのか

江夏　中国には、「きちんと言うべきことを言う」といった、大人の態度を示さなければいけません。

山口那津男守護霊　私はね、ある意味で〝日本教徒〟であってね、日本人的なんですよ。私の考えは、日本人の総合的な考え方に合っているんです。

江夏　それが、今、危険な状況《じょうきょう》を呼び起こす可能性があるのです。

山口那津男守護霊　うーん。それは、あんたがたが暴走すれば危険になるかもしれないけどね。

里村　しかし、今、山口代表守護霊がおっしゃったさまざまなことは、外患《がいかん》の危険を強く訴《うった》えた、日蓮聖人《にちれんしょうにん》のもともとの精神や魂《たましい》に反すると思われませんか。

山口那津男守護霊　日蓮は政党を持ってなかったからねえ。

里村　ほうほう。

山口那津男守護霊　しょうがないよねえ。

里村　しょうがない？

山口那津男守護霊　一人で言ってたんだから、しょうがないじゃない。だから、言いすぎたために迫害《はくがい》を受けたんでしょう？

里村　しかし、宗教者には、迫害を受けようとも、「他国侵逼難《しんぴつなん》」とはっきり言わなければいけないときがあるのではないでしょうか。

山口那津男守護霊　ああ……。

里村　言わなくてもよろしいのですか。

山口那津男守護霊　いや、受難《じゅなん》を受けてそのまま潰れた国もあるからねえ。そういうのもあるから、それは分からない。

まあ、あんたがたのほうが「日蓮的だ」と言いたいのかもしれないけど、信者はあげないよ。うん。そうはさせない。

里村　ところで、山口代表は信心《しんじん》されていますか。

山口那津男守護霊　ええ？

里村　ちゃんと、南無妙法蓮華経《なむみょうほうれんげきょう》の勤行《ごんぎょう》をされていますか。

山口那津男守護霊　うーん、まあ、必要なものは、いちおう祀《まつ》ってありますよ。うん。

里村　祀ってある？

山口那津男守護霊　うんうん。まあ、さっき、私の声を、「朗々としたいい声」って、ほめていただいてたじゃないですか。

里村　はい、はい。

山口那津男守護霊　あれは、お経《きょう》を読んでたからですよ。

里村　信心の部分が、少し、「どうなのか」と感じられるのですが。

山口那津男守護霊　お経を読んでたし、特に、今は、学会のほうで葬式《そうしき》もやらないといかんようになってしまったからねえ。
みんなも、そういう宗教者《じゃ》を兼《か》ねるようになってきつつあるんだよ。

里村　ええ。

山口那津男守護霊　まあ、大丈夫だよ。選挙結果を見れば分かる。国民が、私の考えとあんたがたの考えの、どちらを支持しているかは、選挙結果を見たら、もう明らかじゃないですか。

里村　いや、ですから、私は、今回の選挙結果を見るにつけ、改めて、「幸福実現党は頑張《がんば》らなければいけない。たいへん危険な結果になった」と思っています。

山口那津男守護霊　うーん。君らは、アントニオ猪木《いのき》を嫌《きら》ってるのかもしれないけども、やっぱり、国民から見れば、君らは、何て言うか、〝アントニオ猪木の肘打《ひじう》ち〟みたいにしか見えてないのよ。

里村　なるほど。

山口那津男守護霊　うーん。

尖閣《せんかく》・沖縄《おきなわ》問題に表れる、「安全」より「安定」第一の公明党

里村　それでは、最後になりますが、今、おっしゃった、山口代表守護霊、あるいは、山口代表の本心の方向で政治を進めていって、これからの日本は安全ですか。

山口那津男守護霊　うーん……。まあ、安全にするように、粘《ねば》り強く努力しますよ。やっぱり、公明党が権力の一部に残れるかぎり安全です。

里村　尖閣《せんかく》や沖縄《おきなわ》は、中国に侵略されませんね？

山口那津男守護霊　うーん……。まあ……、沖縄？　尖閣？

里村　はい。

山口那津男守護霊　うーん。ああ、沖縄？　沖縄は、今、独立運動を起こしてるんだから、それは分からないけども……。

アメリカには、前に、何十年も占領《せんりょう》されてるからねえ。アメリカに占領され、（沖縄戦で）沖縄の人口の四分の一も殺されているけども、今、日本にある米軍基地の七十四パーセントが沖縄にある。こういう状態で「アメリカ軍を追い出したい」というのは、よく分かるよね。

里村　分かる？

山口那津男守護霊　まあ、彼らは、「追い出したあと、どうなるか」については、考えてないだろうとは思うけども。

里村　ええ。そうですね。

山口那津男守護霊　「中国軍が来るかどうか」までは考えてない。「それは国が考えろ」と言ってる。まあ、非常に突《つ》き放してるよねえ。だから、「とにかく、沖縄から米軍は出ていってくれ。『中国をどうするか』については国が考えろ」というのが、沖縄県民の考えだよな。

少なくとも、先の大戦で、沖縄県民の四分の一も死なしてるから、「もう十分だろう。それに、アメリカには何十年も占領された。今も、軍事基地がこんなにあるんだ。国内の七十四パーセントが沖縄にあるんだから、これは、占領されてるのとほとんど変わらない状態だ。ちゃんと独立したいんだ」ということだな。

それで、「(沖縄を)守りたかったら国が守りなさい。中国に占領されそうになるんだったら、国が守りなさい。沖縄だけでは守れないから、もし、取られたときには、『琉球《りゅうきゅう》』と名を変えて終わりだ」と、まあ、そういうことだろう。

里村　それでは、国は沖縄を守るのですか。

山口那津男守護霊　分からない。それは安倍さんの覚悟《かくご》次第《しだい》だろう。

江夏　沖縄県民は、独立を考えていません。一部の左翼《さよく》の人が言っているのです。

山口那津男守護霊　いや、分かんないよ。安倍さんが、わざわざ石垣島まで見に行って、あんなにやってるのに、普天間《ふてんま》から辺野古《へのこ》への米軍基地移設に反対してる人を、ちゃんと参院選で通してるじゃないですか。

里村　はい。

山口那津男守護霊　あれは、占領されたってしょうがないですよ。ああやってやる以上、沖縄が、アメリカの支配から中国の支配に移ったって、文句は言えないと思いますよ。

里村　なぜ、肝心《かんじん》の部分で、「しっかりと沖縄を守ります」と言っていただけないのですか。

山口那津男守護霊　私は、とにかく「安定」を求めているわけですよ。何も起きないことを求めているんです。

里村　誰《だれ》の安定ですか。

山口那津男守護霊　ええ？　いや、「この国の安定」と「政治の安定」ですよ。

里村　公明党の安定ですか。

山口那津男守護霊　え？　公明党は、もう、何もしなくても安定ですよ。

里村　山口代表の安定？

山口那津男守護霊　いや、そんなことはないですよ。私は年ですから。もう、そんなに長くはないですから。

里村　ほう。

山口那津男守護霊　ええ。そんなことはありませんけどね。

ほぼ百パーセント当選の公明党には「いい立候補者が来る」？

山口那津男守護霊　まあ、君たちには申し訳ないけど、本当にかわいそうだねえ。もう、君たちには、うちの候補者一人分ぐらいの票でもあげたいぐらいだ。本当にかわいそうだわ。公明党の十議席が十一議席になったけど、その一議席分をあげたら、君らは大喜びだろうにねえ。政党要件を満たしたかもしれないもんねえ。

里村　この点に関しては、今日、山口代表守護霊から頂いたいろいろな教訓・アドバイス等を、幸福実現党でしっかりと研究させていただいて、捲土重来《けんどちょうらい》を……。

山口那津男守護霊　うちには、いい候補者が来るのよ。公明党から立候補したら、ほぼ百パーセント当選するから、いい立候補者が来るのよねえ。

里村　いや。幸福実現党もこれからです。

山口那津男守護霊　君らは、もう、百戦百敗だからさあ。

里村　まだまだでございます。

山口那津男守護霊　これは大変だよ。これは、諸葛孔明《しょかつこうめい》でも呼んでこなきゃ無理だよ。勝てないよ。

里村　お待ちください。公明党さんも、衆議院議員が誕生しているのは、政治に進出して十年以上が過ぎてからですから。

山口那津男守護霊　ああ。

里村　ですから、幸福実現党も、まだまだこれからでございます。それでは、お時間となりましたので、今日は、お忙《いそが》しいところ、また、お疲《つか》れのところ来ていただき、ありがとうございました。

山口那津男守護霊　まあ、「公明党の存在感」と、やっぱり、「私がキーマンであって、中国と日本の間の懸《か》け橋になる」ということが分かればよろしい。

里村　はい。そこに関しては理解いたしました。ありがとうございました。

山口那津男守護霊　はい。

大川隆法　（山口那津男守護霊に）ありがとうございました。

8　政治活動の「勝利」に向けて

〝創価学会《そうかがっかい》の安定剤《あんていざい》〟となっている山口代表

大川隆法　創価学会《そうかがっかい》が批判にさらされているところを、上手にカバーしている人ではあるようですね。だから、「安定」と言っていますが、もう、この人自身が〝安《あん》定剤《ていざい》〟なのではないでしょうか。

里村　はい。〝安定剤〟ですね。

大川隆法　〝創価学会の安定剤〟になっているのではないですか。そんな感じですね。

里村　はい。

大川隆法　その意味では、上手に起用しているのかもしれません。もし、この人が、尖閣沖《せんかくおき》に行って叫《さけ》んだりしていたら、どこかの党首のように、突如《とつじょ》、逆風が吹《ふ》くのでしょう（笑）。まあ、変わったことをしないように、上手に安全運転をしているのだと思います。

また、少し、粘《ねば》り気がありますね。安倍《あべ》さんとは意見が合わないこともあるのに、それでも決裂《けつれつ》しないように、上手にくっついているところを見ると、粘り気はあると思います。幸福実現党よりは、もう少し、忍耐《にんたい》心があるのかもしれません。

里村　ただ、忍耐心といいますか、今日も話を聞いて分かりましたが、要するに、公明党には「正しさ」というものがありませんので。

大川隆法　まあ、とにかく、「日蓮宗《にちれんしゅう》を広げたい」と言いつつ、日蓮宗のところが消えてしまっているから、そのあたりの大義が、今、なくなってはいるんですよね。だから、「先は分からない」というところでしょうか。池田《いけだ》さん以降は、どうなるかも分かりません。バラバラになるかもしれないですね。

里村　はい。そうでございますね。

「現状維持《いじ》」を望む国民の支持を受けている公明党

大川隆法　公明党の宣伝になったのか、公明党を解剖《かいぼう》できたのか、よく分からないところで終わりましたが、選挙の翌日の反省として、何か参考になったことはありましたか。勝つ方法は、何か分かったでしょうか。

釈　ただ、「未来に対する見方がまったく逆だ」というところで、いよいよ……。

大川隆法　でも、「国民の多数が現状維持《いじ》を望んでいる」というところが大きいのかもしれませんよ。

つまり、公明党の支持数が増えているのは、現状維持を望んでいる国民が多いからでしょう。

里村　はい。

大川隆法　基本的に、国民の反応は後《おく》れてきますからね。

里村　そうでございます。

大川隆法　だから、「幸福実現党の言っていることが正しいのに、自民党などの政党が大勝している」というような状況《じょうきょう》が不公平に見えるかもしれませんが、テレビや新聞が、幸福実現党について、やや報道し始めたのと同じように、ある程度の時間のなかで、いずれ、バランスが取れてくるだろうとは思います。

また、当会が言っているように、「実際に、国難が本格化するかどうか」というあたりを見ているところもあるのでしょう。

さらに、最近は、やたらと富士山の噴火《ふんか》を恐《おそ》れるような記事を、新聞が書き始めています。何か、不思議な新聞があるようで、幸福実現党を載《の》せないような新聞が富士山の噴火を恐れているようです。あるいは、「天照様《あまてらす》のお怒《いか》り」を怖《こわ》がっているのかもしれません。

里村　はい。ただ、公明党は、信仰心《しんこうしん》にプラスして、やはり、マーケティング的なところも考えられていたことがよく分かりましたので、ここは必要だと思いました。

大川隆法　確かに、「経験を積んで大人なのだ」とは思います。当会も、そのあたりのところを、組織力として、もう少しキチッとしないといけませんね。

里村　はい。

大川隆法　当会は、まだ、全体の戦力も大したことがありませんし、そのなかで、セクショナリズムもかなり働いていて、「政党は政党でやりなさい」というような感じがあります。そうした、地に足が着いていないところがいけないのかもしれません。

だから、「伝道局長は、必ず、次の選挙には立候補させる」とか、「三年後に立候補させる」とか、そのように決めておけば、やらざるをえなくなるでしょう（笑）。そのくらいはしておいたほうがよいのかもしれません。そうしないと、宗教と政党が分かれてしまって、お互《たが》い関係なく、選挙前だけにしか協力しないかもしれませんからね。

まあ、半分冗談《じょうだん》、半分本気ですが、少し、そのあたりを考えなくてはいけないかもしれません。

里村　はい。分かりました。

「本格的支持者」と「間接的支持者」の創出を

大川隆法　公明党の勝利の秘密はよく分かりません。なぜ、創価学会の二代目会長のときに、急に政治のほうに進出できたのか、まだ、私にも理由はよく分からないのです。

里村　はい。

大川隆法　ただ、聖教新聞の配達所を持っていて、まだ配達ができているわけですから、それを支持する一定の層があるのは事実なのだと思います。

やはり、最終的には、そういう、本格的に支持する人から、間接的に支持する人までをつくっていかないと駄目《だめ》なのでしょうね。

里村　ええ。当時、都市に出てきていた、〝根っこ〟を失った都市住民を中心に、ずっと創価学会を広げていましたので、その人たちに、「アヘンのような夢を与《あた》える」というか、ルサンチマン（怨念《おんねん》）があったことを、今日、話していて分かりました。

大川隆法　自民党員も、どうやら、三十万人ぐらいから、大きく見て九十万人ぐらいしかいないようです。その人たちは、信仰心を持っているわけではないので、やはり、「自由と民主主義を守る体制が、自分たちにとって有利だ」と思って応援《おうえん》しているのでしょう。

だから、当会も、組織に力が付き、文化遺伝子ができれば、十分に追いつける範《はん》囲《い》には入っているのではないかと思います。まあ、熟練していくしかないですね。

里村　はい。

江夏　「二十万人の党員が、一人三十票取れれば、可能だ」という感じがします。

大川隆法　そうでしょう？　十分だと思いますよ。

里村　できます。

大川隆法　ただ、「伝道局長が立候補するかもしれないよ」と、今から言っておかないと、やりはしませんよ。彼らは、自分の実績しか考えていませんからね（笑）。全国比例など、いいですね（笑）。

里村　大きなヒントを頂きました。

大川隆法　（笑）はい。まあ、では、以上としましょう。ありがとうございました。

里村　ありがとうございました。

あとがき

公明党は勝てる候補者を選ぶのが上手だし、野党に流れるはずの票をすくい取るキャッチフレーズが実に巧《たく》みである。願うらくは、安倍自民党と連立を続けるおつもりなら、憲法九条改正と集団的自衛権の解釈合憲には賛成して頂きたいと考えている。別に強力な軍国主義国家を目指しているわけではなく、自立した国家としての当たり前の姿をつくるというだけである。中国に好感を持っている国民は、今は5％にまで減っている。マスコミがいかに左翼的言辞《げんじ》を弄《ろう》しても、中国の海軍力、空軍力の増強に日本国民は心配をしているのだ。

日蓮の『立正安国論《りっしょうあんこくろん》』をもう一度読み直されてはどうか。私も『日蓮が語る現代の「立正安国論」』（幸福の科学出版刊）という本を出している。山口代表にもぜひお読み頂きたいものだ。

二〇一三年　七月二十六日

幸福実現党総裁《こうふくじつげんとうそうさい》　大川隆法《おおかわりゅうほう》

『公明党が勝利する理由』大川隆法著作関連書籍

『ＮＨＫはなぜ幸福実現党の報道をしないのか』（幸福の科学出版刊）
『池上彰の政界万華鏡』（同右）
『宗教イノベーションの時代』（同右）
『日蓮が語る現代の「立正安国論」』（同右）
『安倍新総理スピリチュアル・インタビュー』（幸福実現党刊）

公明党《こうめいとう》が勝利《しょうり》する理由《りゆう》

―山口代表 守護霊インタビュー―

2013年8月9日　初版第1刷

著　者　　大《おお》　川《かわ》　隆《りゅう》　法《ほう》

発　行　　幸福実現党

〒107-0052 東京都港区赤坂2丁目10番8号
TEL(03)6441-0754

発　売　　幸福の科学出版株式会社

〒107-0052 東京都港区赤坂2丁目10番14号
TEL(03)5573-7700
http://www.irhpress.co.jp/

印刷・製本　株式会社 堀内印刷所

落丁・乱丁本はおとりかえいたします

ISBN978-4-86395-371-0 C0030
写真：Natsuki Sakai/アフロ

大川隆法霊言シリーズ・宗教の違いを知る

日蓮が語る
現代の「立正安国論」

いま再び、宗教が国家を救うとき。鎌倉時代、弾圧を恐れず、侵略の危機を予言した日蓮が、現代日本の国防危機の打開策を伝授する。

1,400円

宗教イノベーションの時代
目からウロコの宗教選び②

戦後、日本の新宗教のイメージをつくってきた教団の教祖たちが、霊言に登場！ 宗教学者も判らない真実が公開される。

1,700円

宗教決断の時代
目からウロコの宗教選び①

統一協会教祖・文鮮明(守護霊)、創価学会初代会長・牧口常三郎の霊言により、各教団の霊的真相などが明らかになる。

1,500円

※表示価格は本体価格(税別)です。

大川隆法 霊言シリーズ・現代日本へのメッセージ

天照大神の未来記

この国と世界をどうされたいのか

日本よ、このまま滅びの未来を選ぶことなかれ。信仰心なき現代日本に、この国の主宰神・天照大神から厳しいメッセージが発せられた!

1,300円

「首相公邸の幽霊」の正体

東條英機・近衛文麿・廣田弘毅、日本を叱る!

その正体は、日本を憂う先の大戦時の歴代総理だった! 日本の行く末を案じる彼らの悲痛な声が語られる。安倍総理の守護霊インタビューも収録。

1,400円

中曽根康弘元総理・最後のご奉公

日本かくあるべし

「自主憲法制定」を党是としながら、選挙が近づくと弱腰になる自民党。「自民党最高顧問」の目に映る、安倍政権の限界と、日本のあるべき姿とは。

【幸福実現党刊】

1,400円

※表示価格は本体価格(税別)です。